문장
文章

2

최인호 수상록
문장文章 2

1판 1쇄 발행 2006년 1월 12일
1판 5쇄 발행 2013년 10월 10일

지은이 최인호

발행인 양원석
편집장 송명주
책임편집 이지혜
해외저작권 황지현, 지소연
제작 문태일, 김수진
영업마케팅 김경만, 임충진, 곽희은, 주상우, 장현기,
　　　　　임우열, 정미진, 송기현, 우지연, 윤선미

펴낸 곳 (주)알에이치코리아
주소 서울시 금천구 가산동 345-90 한라시그마밸리 20층
편집문의 02)6443-8855　구입문의 02)6443-8838
홈페이지 http://rhk.co.kr
등록 2004년 1월 15일 제2-3726호

ISBN 978-89-598-6312-2 (04810)
　　　978-89-598-6310-5 (set)

※ 이 책은 (주)알에이치코리아가 저작권자와의 계약에 따라 발행한 것이므로
　본사의 서면 허락 없이는 어떠한 형태나 수단으로도 이 책의 내용을 이용하지 못합니다.
※ 잘못된 책은 구입하신 서점에서 바꾸어 드립니다.
※ 책값은 뒤표지에 있습니다.

RHK 는 랜덤하우스코리아의 새 이름입니다.

최인호 수상록

문장
文章

2

작가의 말

*

무언가를 배우기 위해서는 자신의 마음의 문을 열어놓지 않으면 안 된다. 뜨락에 내놓은 독도 비어 있어야 오가던 소나기가 그 독에 빗물을 채울 수 있을 것이다. 마음을 비우지 않으면 배움을 채울 수 없다.

그러나 이 책은 누군가를 가르치려고 쓴 것이 아니다. 내 자신을 비우기 위한, 나를 겸허하게 돌아보는 마음으로 써 내려간, 문장文章이다.

삶의 한 귀퉁이를 접었다 펴는 심정으로, 지나왔던 여정을 돌아보며 또한 다가올 모든 것을 긍정하며, 이 책을 통해 나는 나의 좌표를 찾아보았던 것이다.

글을 쓰는 내내 부끄러우면서도 행복했다.

2006년 1월
최인호

차례

미래를 열어가는 지혜

왕관을 얻은 나무 11 자연이 위대한 이유 14 위대한 작가 17 그러니 항상 깨어 있어라 18 역사는 돌고 돈다 22 뾰족한 연필 23 시간이 곧 돈이다 24 조선백자 25 창고를 입고 다닌 광인 26 등잔 밑이 어둡다 28 불후의 명작 29 마음의 눈을 떠라 31 좋은 나무 34 씨 뿌리는 사람 36 참된 우정 38 눈앞이 곧 길이다 41 정성에 중독되다 42 메피스토펠레스의 유혹 46 가까이 있는 부처 50 삶의 향기 52 이러한 인간이 되게 하여주소서 54 1등과 2등의 차이 56 침묵의 날 58 어리석은 군중 59 한결같은 마음 61 돌에 새겨진 맹세 64 우리의 손기정은 이겼다 66 월급월만 68 비애에 젖은 조커 70 갓난아기의 울음 75 국가가 망하는 일곱 가지 조건 78 거상의 조건 81

남과 더불어 살아가는 지혜

의자 싸움 86   있는 그대로의 나 88   생각을 바꿔라 91   사형 선고 92   앨프레드 히치콕 94   큰 바위 얼굴 97   의상을 벗어라 101   화를 잘 내는 사람 103   남의 말 가로채기 104   개선장군의 길을 포기하다 106   거듭 태어나야 한다 110   아름다운 모습 114   사랑아, 나는 통곡한다 116   마음에서 흘러넘친 말 119   옷도 휴식이 필요하다 120   소설은 의상이다 121   일치를 이루는 일 122   내 남편이다 124   아침 이슬 126   사랑의 힘 128   무소유 131   기다림 135   실사구시 136   사랑이란 거창한 것이 아니다 138   잡초 140   군화 141   가장 작은 수도원 143   평생 너와 함께 걸었다 144   예언 146   그리스도 최후의 유혹 148   그럼, 어떤 딸이 나오리라고 생각하셨나요 153   차별 156   박씨부인전 158   심봉사의 개안 162   생자필멸 166   좋은 친구 구하기 168   최후의 만찬 170   모든 사람의 발 아래 있기를 172   깨끗하게 되어라 174   너와 나 176   저마다 다른 손 177   두려워하지 마라 178   어머니 데레사 180   나눔은 기적을 만든다 182   한바탕 꿈 185   이심전심 188   선택하는 인간 190   나그네 192

미래를 열어가는 지혜

*

왕관을 얻은 나무

잎이 무성한 여름에는 모과가 도대체 얼마나 열렸는가, 그 숫자를 제대로 가늠할 수 없었다. 그러나 가을이 오고 그 푸르던 모과나무 잎새가 노랗게 물들더니 한 잎 두 잎 떨어져 마침내 앙상하게 헐벗고 나서야 네 개의 모과가 제 모습을 드러냈다. 숫자가 적은 대신 모과들은 모두 살지고 통통한 모양을 하고 있었다. 가장 가까운 곳에 열린 모과를 따고 나머지 세 개는 나무에 매달려 있는 채로 그대로 내버려두었다.

줄곧 모과나무를 지켜보았으므로 지난 한 해 동안의 모과나무의 일상을 나는 아주 잘 알고 있다. 한겨울 동안 나무는 헐벗어 있다. 그러다가 봄이 오면 움이 트고 꽃이 핀다. 어디서 날아왔는지 알 수 없는 벌들이 부지런히 꽃가루를 옮겨준다. 그러고 나면 신록의 계절이 찾아온다. 어느덧 꽃은 사라지고 무성한 잎이 자란다. 잎은 더 우거지고 무성해져서 속을 들여다볼 수 없는 숙녀의 치마 속처럼 나무는 젊음의 절정에서 폭발한다. 그리고 가을이 온다. 가을이 오면 나뭇잎들은 노랗게 물들어 떨어지기 시작한다.

나무는 우리에게 '기다림'의 교훈을 전한다. 그 모든 것을 거친 후에야 열매가 남는다. 꽃의 아름다움도, 잎의 영광도 모두 사라졌을 때, 열매는 비로소 홀로 자신의 모습을 보인다. 열매는 그러므로 나무의 왕관이다.

*

자연이 위대한 이유

자연은 언제나 우리에게 있는 그대로의 모습을 보여준다. 자연은 꾸미지 않는다. 있는 것을 없는 체, 없는 것을 있는 체, 추한 것을 아름답게 치장하거나 위장하지 않고 있는 그대로의 모습을 보여준다. 때가 되면 싹이 트고 잎이 자라고 꽃이 핀다. 굳이 자신의 존재를 드러내려고 없는 향기를 풍기지 않으며 색깔을 화려하게 바꾸지도 않는다. 자연이 위대한 것은 바로 그 점이다.

✽

위대한 작가

작가는 당대에 평가되지 않는다. 작가는 오직 그가 쓴 작품에 의해서만 그가 죽은 후에 비로소 제대로 평가될 것이다. 살아 있는 우리들은 오직 그의 작품을 읽거나, 혹은 그의 무덤을 찾아가서 그의 묘비명을 읽을 뿐이다.

*

그러니 항상 깨어 있어라

『춘향전』은 『심청전』과 더불어 우리 민족이 낳은 대표적인 고전소설 가운데 하나이다. 전 세계적으로 이처럼 아름다운 로맨스 구전문학을 갖고 있는 나라가 드물 만큼, 『춘향전』은 우리 민족이 창조한 너무나 아름다운 사랑의 송가라고 할 수 있다.

남원 부사의 아들 이몽룡과 퇴기 월매의 딸 춘향은 광한루에서 처음 만나 서로 사랑에 빠진다. 남원 부사가 임기를 끝내고 서울로 돌아가게 되자, 두 사람은 다시 만날 것을 기약하고 이별한다. 그러나 신관新官으로 내려온 변 사또가 춘향의 미모에 반해 수청을 강요하자 춘향은 일부종사一夫從事를 앞세워 거절하고 결국 죽을 지경에 이르게 된다. 한편 이 도령은 과거에 급제하여 어사가 되어 내려오는데, 처음에는 일부러 몰락한 거지꼴을 하고 왔다가 마침내 탐관오리 변 사또를 벌하고 춘향이를 구출한다. 이 도령은 춘향이를 정실부인으로 맞아 백년해로를 하는 것으로 사랑의 이야기는 끝을 맺는다.

이 소설이 우리 민족에게 주는 메시지는 두 가지이다. 하나는 양반집 자제와 기생의 딸이라는 신분을 뛰어넘어 사랑을 쟁취하는 평등사상이고, 또 하나는 언제 돌아올지 모르는 기약 없는 연인을 기다리는 춘향의 절개와 순결이다. 기다릴 줄 아는 자가 최후에 웃는다는 말도 된다.

종종 행복은 희생을 요구한다. 오늘 피곤하다고, 오늘 너무 재미있는 일이 있다고 할 일을 내일로 미룬다면 행복해질 수 없다. 당장 눈앞에 보이는 것을 갖기 위해 신념을 포기하는 사람도 더 큰 행복을 놓치기 쉽다.

*

판소리 _민속악의 하나로 소리꾼의 소리(노래)와 대사로 이루어진다. 1964년 중요무형문화재로 지정되었으며, 2003년 유네스코 '세계무형유산'으로 등록되었다. 판소리에는 민중의 애환이 담겨 있으며 조선 중기 이후 남도지방을 중심으로 발달했다. 소리꾼 한 명이 고수의 장단에 맞추어 노래와 대사, 몸짓을 곁들여 공연한다. 조선 말까지 판소리 12마당이 전해졌으나 개화기를 거치면서 정리되어 현재는 〈춘향가〉, 〈심청가〉, 〈박타령〉, 〈변강쇠타령(가루지기타령)〉, 〈토끼타령(수궁가)〉 등 판소리 5마당이 불려진다.

역사는 돌고 돈다

역사는 돌고 돈다. 자전하는 지구처럼. 역사를 통해 우리가 얻는 교훈은 올바른 민족정신과, 올바른 미래의 비전과, 올바른 삶으로서의 가치관일 것이다.

역사는 오늘날의 우리의 참모습을 비춰주는 고경古鏡이다.

하찮아 보이는 깨진 기왓장 하나에도, 깨진 토기 조각 하나에도, 박물관에 진열된 유물 조각 하나에도 역사의 진리가 숨어 있다. 따라서 천년의 세월이 하루와도 같은 역사는, 기왓장 한 조각에 우주 만물이 깃들어 있는 역사는 시간과 공간을 초월한 하나의 종교인 것이다.

*

뾰족한 연필

뾰족한 연필처럼 정신의 촉이 날카로워지기를 바란다. 가장 뾰족하게 깎은 연필만이 가장 가는 선을 그을 수 있으리.

시간이 곧 돈이다

인간은 각자 가진 몫의 시간이 있다. 누구든 하루 24시간의 몫을 가지고 있다. 이 시간을 남의 일로 빼앗길 때는 그에 상응하는 대가를 치러야 한다. 이것은 당연하고 떳떳한 일이다. 인간은 자신만의 24시간의 몫을 누구보다도 값진 시간으로 만들기 위해, 노력하고 발명하고 연구하고 창조하고 극기하고 약속을 지켜나가는 것이다.

조선백자

조선백자는 위대한 예술품이다. 그러나 예전에는 도공을 백정 취급했다. 그들을 따로 살게 했고, 그들끼리 혼인하게 했으며, 염병에 걸린 전염병 환자 취급을 했다.

그러나 그들은 빚었다. 그들의 한을 도자기로 빚었다. 수백 년 지나 그 도공들이 빚은 조선백자는 민족의 자랑스러운 유산으로 남았다.

✽

도공陶工 _ 통일신라시대부터 만들기 시작한 청자는 12세기 고려시대로 접어들어 발전하여 당시 중국에서 "고려청자의 비색은 천하제일"이라고 할 만큼 아름다운 우리만의 독창적인 자기를 생산하게 되었다. 청자에서 백자로 변화되는 고려 말, 조선 초에 '분청사기'라는 매우 특징 있고 우수한 도자기가 제작되는 과정을 거친다. 이 독특한 분청사기는 16세기 임진왜란 때 일본에 전파되어 일본 도자기 문화의 시발점이 되었다. 임진왜란을 '도자기 전쟁'이라고 부를 정도로 일본은 수많은 조선의 도공을 잡아갔다. 이때 붙잡혀 간 이삼평은 현재까지도 일본의 도조陶祖로 불리고 있다.

창고를 입고 다닌 광인

그의 직업은 영화 촬영 기사. 이름은 장석준. 그가 세상을 떠났을 때 나이 마흔여섯이었다.

그의 자켓은 마치 역도 선수가 들어 올리는 역기처럼 무거웠다. 열 발자국이야 물론 걸을 수 있지만, 그 옷을 입고 100미터 뜀박질을 하기란 불가능한 일이었다.

도대체 무슨 옷이 이토록 무거울까, 하고 생각한 나는 그 주머니에 들어 있는 물건을 모두 끄집어내 보았다. 유난히 주머니가 많은 그 윗옷에서 놀랍게도 고물상에나 있음직한 잡동사니 같은 철제 부속품들이 꾸역꾸역 나왔다. 카메라의 부속품, 파인더, 도저히 용도를 알 수 없는 철제 부속품들, 망치, 몽키, 스패너······.

후일 나는 그가 우리 나라 영화 사상 처음으로 70밀리 영화 촬영 기재를 창안하여 사용했고, 자신이 발명한 기계로 70밀리 영화를 찍은 선각자라는 것을 알았으며, 그가 만든 모든 촬영기기는 청계천 철물상의 부속들을 직접 두드려 맞춰 만든 것이라는 것을 알게 되었다.

유난히 주머니가 많은 그의 자켓은 작업 도구를 넣어두는 창고였고, 그의 몸은 낙후된 한국 영화의 촬영 기재의 수준을 끌어올린 움직이는 공장이었던 것이다.

우리의 주머니는 지금 가벼운가? 아니면 무거운가? 그것에 따라 우리의 인생이 결정될 것이다.

등잔 밑이 어둡다

이스라엘 백성들은 수천 년 동안 구세주가 오실 것을 믿고 기다리며 살아왔다. 예수께서 태어나실 무렵 헤롯과 대사제들도 구세주가 오시기를 기다렸다. 그러나 그들은 넘어지면 코 닿을 만큼 가까운 베들레헴에서 그 구세주가 태어난 것을 모르고 있었다. 오히려 구세주인 예수께서 태어난 것을 알아본 사람은 아주 먼 동방의 이방인들이었다. 그들은 먼 곳에 있었지만 그분의 별을 보았으며, 가까운 곳에 있었던 유대인들은 그분의 별을 보지 못했던 것이다.

가장 빛나는 별은 바로 내 마음속에 있다.
*

불후의 명작

도스토예프스키는 자신의 빚을 갚기 위해 엄청난 양의 작품을 썼다. 그러나 결코 자신의 입장을 얕은 수로 형상화시키려 하지 않고 인간 보편의 문제를 파고들어 마침내 불후의 명작을 탄생시켰다.

마음의 눈을 떠라

우리에게는 두 가지 눈이 있다. 하나는 얼굴에 달린 눈이요, 또 하나는 마음에 달려 있는 눈이다. 나중 것을 우리는 심안心眼이라고 부른다. 우리의 눈은 굉장히 정확한 것 같지만 사실은 매우 부정확하다. 심리학적 용어에 착각이라는 말이 있다. 이는 눈으로 보는 지각에 객관적 사물과 일치하지 않는 외계의 현상을 질적으로 양적으로 어긋나게 하는 현상을 이르는 말이다. 우리의 눈으로 바라보는 사물과 대상들은 하나의 형상에 불과하다. 꽃이 붉다고 하는 것은 하나의 형상일 뿐이다. 내일이면 저 꽃은 이미 지고 그곳에 존재하지 않을 것이다.

눈은 그러므로 하루하루의 기상을 예보하는 기상관측소의 깃발과 같을 뿐이다. 그날의 일기와 그 시간의 날씨만을 숨 가쁘게 알려주는 풍향계와 같을 뿐이다. 지금 내리고 있는 눈은 영원히 내리지 않는다. 내일이면 그칠 것이다. 지금 외치고 있는 정의도 영원하지 않다. 내일이면 헛구호로 전락해 버릴지도 모른다.

만약 우리가 눈으로 사물을 보지 않고 마음으로 볼 수 있다면, 우리는 문자 그대로 개안開眼을 하게 되는 것이다. 마음의 눈을 뜰 수 있다면 우리는 사물의 현상뿐 아니라, 그 본질을 헤아릴 수 있을 것이다.

＊

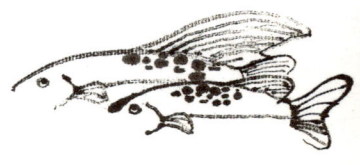

좋은 나무

"좋은 나무가 나쁜 열매를 맺을 수 없고, 나쁜 나무가 좋은 열매를 맺을 수 없다."

사람들은 누구나 좋은 물건을 만들어내고 싶고, 좋은 글을 쓰고 싶어 하며, 좋은 영화를 만들고 싶고, 좋은 인생을 살고 싶어 한다. 만일 좋은 영화를 만들고 싶다면 먼저 좋은 사람이 되어야 한다.

언젠가 영화배우 안성기 씨와 만나서 대화를 나누던 중 그가 이렇게 물었던 적이 있다.
"어떻게 하면 좋은 연기를 할 수 있을까요."
그때 나는 다음과 같이 대답했다.
"좋은 사람이 되려고 노력하면 좋은 연기를 할 수 있겠지."
*

씨 뿌리는 사람

〈만종〉의 작가 밀레는 프랑스의 노르망디 지방에서 농민의 아들로 태어났다. 젊은 시절 파리로 진출했던 밀레는 도회적인 그림으로 출세하고자 했다. 그러나 그의 나이 서른네 살 때인 1848년 어느 날 밤, 가게에 걸려 있는 밀레의 그림을 본 한 청년이 "밀레는 벌거벗은 여자만 그리는군"이라는 조롱의 말을 듣고는 깊은 수치감에 빠지게 된다.

그 순간 그는 자신이 그릴 것은 도시의 벌거벗은 여인의 나체가 아니라, 자신이 태어난 농촌을 주제로 한 농민들의 가난한 생활임을 절실히 깨닫게 된다. 그리하여 그는 파리 교외

바르비종으로 이사하여 빈곤과 싸우며 몸소 농사를 지으면서, 숙명적으로 대지와 맺어져 있는 농민들의 모습과 자연 풍경을 그리기 시작했다.

밀레가 바르비종으로 이사하여 그린 첫 번째 작품이 바로 〈씨 뿌리는 사람〉이다. 해 질 무렵에 모자를 쓴 건장한 농부가 들새들이 날아다니는 하늘을 배경으로 씨앗을 한 움큼 들고 대지를 향해 파종하는 힘찬 모습을 통해 밀레는 비로소 자신이 그려야 할 소재가 무엇인가를 깨닫게 된 것이다. 그리하여 〈이삭줍기〉, 〈양치는 소년〉, 〈만종〉 등 많은 걸작을 세상에 내놓게 되었다.

＊

참된 우정

서양 속담에 이런 말이 있다.

"Out of sight, out of mind." (눈에서 멀어지면 마음까지 멀어진다)

이는 틀린 말이다. 서양의 공리주의(공리, 효용을 생활의 근간으로 삼은 19세기 전반의 서양의 사회, 정치사상)가 빚어낸 격언일 뿐이다. 진심으로 마음이 가까운 사람들이라면, 격언은 이렇게 바뀌어야 할 것이다.

"눈에서 멀어지면 마음은 더 가까워진다."

눈에서 멀어지면 마음도 멀어지는 것은 참사랑이 아니다. 참사랑이라면 눈에서 멀어지면 마음은 그만큼 더 가까워져야 할 것이다. 눈에서 멀어지면 마음도 멀어지는 것은 참된 우정이 아니다. 참된 우정이라면 눈에서 멀어지면 마음은 그만큼 더 가까워져야 할 것이다.

사람들은 끊임없이 남의 눈에 띄어야만 유명해지고 시대에 뒤떨어지지 않으리라고 생각한다. 그러나 끊임없이 나타나 보이는 것은 결국 쇼윈도에 내걸린 마네킹에 지나지 않을 뿐이다. 이는 꼭두각시놀음에 지나지 않는다. 낯익은 사람이기보다 차라리 잊혀지는 사람이 훨씬 행복하다.

내가 이웃을 눈으로만 보면 내 이웃도 눈으로만 나를 볼 것이다. 내가 내 이웃을 마음으로 본다면 내 이웃도 나를 마음으로 볼 것이다.

*

눈앞이 곧 길이다

중국의 선사였던 조주가 말했다.
"눈앞이 곧 길이다. 바로 여기서부터 출발하라."

*

정성에 중독되다

일류 기업체인 Y에서 간부 직원으로 근무하던 직장인 모씨는 어느 날, 어머니가 갑자기 국수집을 하고 싶다고 해서 아버지 몰래 국수집을 차려주었다. 가게를 차리고 난 개업 첫날. 걱정스러운 아들은 일찌감치 회사를 조퇴하고 가게로 나갔다. 첫날 그 가게에서 다음과 같은 일화가 있었다고 한다.

"손님이 과연 올까 안 올까, 마음이 불안불안했습니다. 내가 가게로 갔을 때는 손님이 하나도 없었지요. 초조하게 문 쪽을 보며 기다리고 있는데, 한 사람이 들어왔습니다. 얼마 안 있어 또 한 사람, 또 한 사람 해서 네 사람이 들어왔습니다. 모두 칼국수를 시켰지요. 잠시 후 주방으로 들어간 나는 국수를 마는 어머니의 손이 눈에 띄게 떨리는 것을 보았습니다. 두려웠기 때문이었을 것입니다. 한 10분쯤 되어 칼국수가 다 끓자 갑자기 어머니는 다 된 칼국수를 쓰레기통에 버리셨습니다.

손님들은 눈이 빠져라 기다리고 있었고 나는 다 된 국수를 버리는 어머니가 이해가 안 되서 왜 버리느냐고 물었습니다. 그러자 어머니는 이렇게 대답하셨습니다. '맛이 없게 되었어. 다시 만들자.' 그리고 나서 다시 칼국수를 만들기 시작하셨습니다. 20여 분이 지나자 손님들이 화를 내기 시작했습니다. 두 번째 칼국수가 다 되었을 때도 어머니는 그 칼국수를 쓰레기통에 버리셨습니다. 화가 난 내가 왜 이러시냐고 문자 어머니가 대답하셨습니다. '이것도 제 맛이 아니다. 다시 만들자.' 30분이 지나자 기다리던 사람들이 화를 내면서 나가버렸습니다. 맨 처음에 들어왔던 손님 한 분만 참을성 있게 기다렸습니다. 세 번째 만에 칼국수를 만들어 가져가는데 어머니는 거의 우실 듯한 표정이었으며, 내 온몸에서는 비 오듯 땀이 흘러내리고 있었습니다. 30분 넘게 기다렸던 그 첫 번째 손님은 칼국수를 다 드시고 나더니 이렇게 말씀하셨습니다. '아주머니, 내 평생에 이렇게 맛있는 칼국수는 처음 먹어봅니다. 이 집은 앞으로 손님으로 넘쳐날 것입니다.' 그 손님의 예언대로 국수집은 사람들로 대만원입니다."

자기가 하는 일에 최선을 다하는 그 소박한 기쁨과 손님을
내 가족으로 생각하는 정성에 중독이 되어버린 것이다.

✳

메피스토펠레스의 유혹

『파우스트』는 독일의 문호 괴테가 전 생애를 바쳐서 쓴 희곡이다. 악마 메피스토펠레스는 파우스트를 유혹할 수 있다며 신에게 내기를 건다. 온갖 지식에 절망하고 있던 파우스트는 어느 날 자살을 결심한다. 자살 직전에 메피스토펠레스가 나타나 파우스트를 유혹을 한다. 파우스트와 악마는 이 세상의 모든 쾌락을 체험하게 해주는 대신 파우스트가 어느 한순간, "멈춰라, 너는 정말 아름답구나"라는 말을 하게 되면, 영원히 악마에게 영혼을 내어주기로 계약을 맺는다.

그리하여 20대의 청년으로 젊어진 파우스트는 소녀와 사랑을 하기도 하고, 전설 속의 미녀를 만나 결혼도 하게 된다. 전쟁에서 공을 세워 불모지를 하사받은 파우스트는 이 땅을 개발하여 낙원으로 만들기 위해 노력하다 백 살이 되어 마침내 맹인이 되고 만다. 그러나 곧 파우스트의 심안이 더욱 밝아지고 다음과 같이 외치면서 숨을 거두게 된다. "멈춰 서라, 너는 정말 아름답구나."

이 말을 들은 메피스토펠레스는 자신이 승리했다고 착각하지만, 천사들이 파우스트를 천상으로 데려가며 다음과 같이 합창한다.

모든 회개하는 연약한 자들아
구원의 눈초리를 우러러보라.
거룩하신 신의 섭리에 따라서
감사하며 스스로를 변모시키기 위해.
마음씨 착한 사람들이
누구나 받들어 모시는 동정녀요, 어머니요, 여왕이시여
길이길이 은총을 베푸소서.
일체의 무상한 것은 한낱 비유일 뿐
이룰 수 없는 것 여기서는 실현되고
말할 수 없는 것 여기서는 이룩되었네.
영원한 여성적인 것이 우리를 이끌어주리라."

말 그대로 일체의 무상한 것은 한낱 비유일 뿐이다. 눈에 쉽게 보이는 것이야말로 거짓인 경우가 많다. 우리는 생각으로는 악마가 있다는 것을 알고 있지만, 그럼에도 불구하고 삶 속에서는 매 순간 악마의 유혹에 쉽게 넘어가고 만다. 어떤 행동을 할 때 '이 일이 과연 옳은 일인가' 한번쯤 생각해 볼 일이다.

*

괴테Johann Wolfgang von Goethe(1749~1832) _시인. 독일 고전주의 문학의 대표자이다. 젊은 시절부터 50여 년 동안 바이마르에 머물면서 재상을 지내기도 했다. 식물학, 해부학, 광물학, 색채론 등에도 관심을 두었던 과학자이기도 했다. 대표작으로 『이탈리아 여행』, 『젊은 베르테르의 슬픔』, 『색채론』 등이 있다. 특히 『파우스트』는 23세부터 쓰기 시작하여 무려 59년이나 걸려서 완성한 생애 최고의 대작이다.

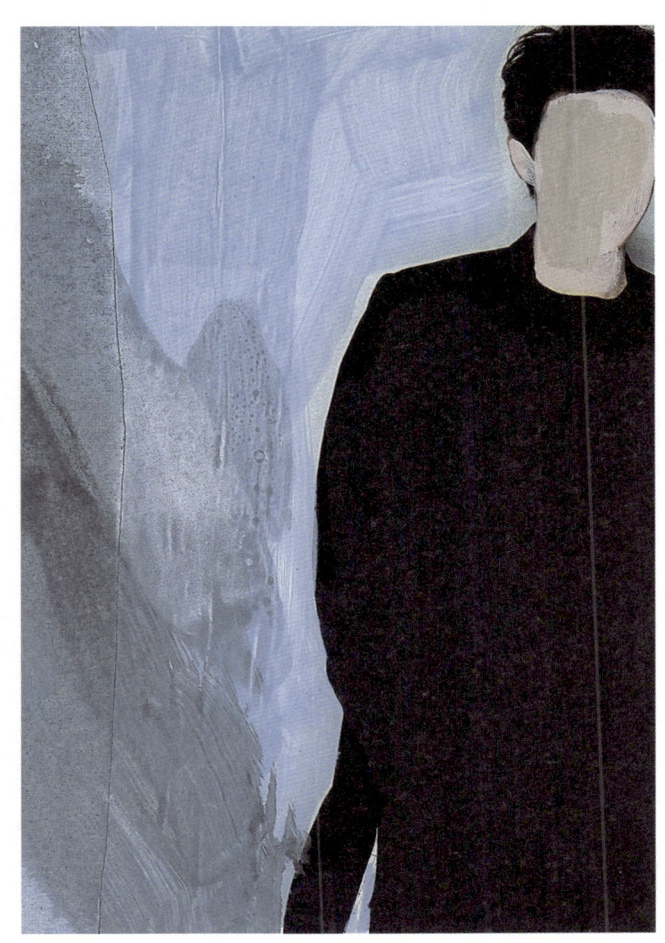

가까이 있는 부처

한 젊은이가 부처를 만나기 위해서 집을 나왔다. 그는 산 넘고 강을 건너 부처를 찾아다니던 중 한 도사를 만났다. 도사가 그에게 무엇 때문에 방황하고 있느냐고 묻자 부처를 만나기 위해 구도의 길을 가고 있다고 했다. 그러자 도사는 '집으로 돌아가보면 부처가 와 계시고 자네를 맨발로 맞아줄 것이다'라고 말했다.

지친 젊은이가 도사의 말대로 집으로 돌아왔을 때, 정말로 맨발의 부처가 뛰어나와 젊은이를 맞아주었다. 부처는 바로 그 청년의 어머니였던 것이다.

삶의 향기

예이츠는 아일랜드의 시인으로 젊은 시절 런던에서 화가가 되려고 공부했지만, 아일랜드 특유의 유현幽玄하고 환상적인 정서를 통해 세계적인 시인이 된 사람이다. 1923년 노벨문학상을 수상한 그는 아일랜드 자유국가 성립에 공헌한 독립운동가이기도 했다. 그는 언제 어디서나 조국 아일랜드를 꿈꾸었다. 그리하여 예이츠는 스물다섯 살의 청년 시절, 고향의 호수 섬 이니스프리를 그리워하는 대표적인 서정시를 발표한다.

나 이제 일어나 가리, 가리 이니스프리로
거기 싸리와 진흙으로 오막살이 하나 지으리.
아홉 이랑 콩 심고, 꿀벌통 하나 놓고
벌떼 잉잉대는 숲 속에서 홀로 살리.

거기서 얼마쯤 평화를 누리리.
평화는 천천히 물방울같이 떨어지고
어스름 새벽부터 귀뚜라미 우는 밤까지 떨어지고.
한밤중은 훤하고 낮은 보랏빛
저녁때는 홍방울새들의 날갯짓 소리 그득한 그곳.

나 이제 일어나 가리, 밤이고 낮이고
호숫가에 찰랑대는 잔물결 소리를 나는 듣네.
회색빛 아스팔트 위에서
그 물결 소리 내 가슴속 깊이 들려오네.

런던의 아스팔트 거리에서 시골의 오막살이를 꿈꿀 수 있는 사람이 바로 시인이다. 누구에게나 이상향이 있다. 아름다운 이상향을 품고 있는 사람에게서 삶의 향내가 난다.

*

이러한 인간이 되게 하여주소서

제2차세계대전의 영웅 맥아더 장군은 자신의 아들에게 다음과 같은 내용의 편지를 남기고 죽었다.

"신이여, 우리 아들들이 이러한 인간이 되도록 하여주소서. 약할 때 자기를 돌아볼 수 있는 힘을, 무서울 때는 자신을 잃지 않고 대담성을 갖게 하소서. 정직한 패배를 부끄러워하지 않고 태연하며, 승리에 겸손하며, 언제나 온유한 자가 되게 하여주소서. 바라오니, 우리의 아들들을 쉽고 안락한 길로 인도하지 마시고, 곤란과 불의에 항거하는 정신을 갖게 하여주소서. 그리하여 폭풍우 속에서도 용감히 싸울 줄 알고, 패자를 불쌍히 여길 줄 알도록 하여주소서. 마음을 깨끗이 하고,

목표가 고상하며, 남을 정복하려고 하기 이전에 먼저 자기 자신을 정복하는 자가 되게 하소서. 미래를 바라보는 동시에 과거를 잊지 않는 자가 되게 하소서. 또한 정성을 다해 살아가며, 생의 즐거움을 누릴 줄 아는 자가 되게 하소서. 바라오니, 자신을 높이기보다는 겸손한 마음을 갖게 하여주소서. 높은 자리에 오를수록 소박함을 잃지 않게 하시고, 지혜는 열린 마음에서 비롯되며 진정한 강함은 온유함이라는 것을 알게 하소서. 신이여, 우리의 아들들이 이러한 인간이 되도록 하여주소서."

맥아더가 자신의 아들을 위해 쓴 편지이자 기도문이지만, 우리 모두 새겨보아야 할 금언이다.

✽

1등과 2등의 차이

연세대학교 의과대학에서 흥미있는 실험을 한 적이 있다. 장거리 경주에서(예를 들어 마라톤에서) 1등으로 달리는 주자와 2등으로 달리는 주자의 역학 관계를 알아보는 실험이었다. 1등으로 달리는 사람은 2등으로 달리는 사람보다 정확히 세 배나 더 힘이 든다는 과학적 통계가 나왔다.

2등으로 달리는 사람의 목표는 간단하다. 따라잡으려는 목표밖에 없는 것이다. 그러나 1등으로 달리는 사람은 따라잡을 목표가 없다. 그는 보이지 않는 골인 지점과 자기 자신과의 고독한 싸움을 벌여야 하는 것이다.

*

침묵의 날

우리가 매일 먹고 마시는 음식의 독을 씻어내려면 먹고 마시는 일상행위를 끊는 단식의 시간이 필요한 것처럼, 우리가 무심코 지껄이는 말의 독소를 걸러내려면 침묵의 정수기가 필요하다.

간디는 일주일 중 하루를 침묵의 날로 정하여 단 한마디도 하지 않는 계율을 스스로 지켜 나갔다고 그의 자서전은 전하고 있다.

침묵이야말로 우리의 병든 말을 치유할 수 있는 좋은 방법이다. 우리가 입을 열어 하는 말 가운데 거짓말과 아첨, 비난, 욕설, 증오 등의 불순물들을 빼버린다면, 우리의 말은 침묵에 가까워질 것이다.

*

어리석은 군중

르봉(1841~1931)은 프랑스의 사회학자이다. 의학을 공부하여 의사로 활동하기도 했으나 사회심리학에 더 큰 관심을 가지게 된다. 그가 1895년에 쓴 『군중심리』는 20세기의 대표적인 명저이다. "지금 우리가 발을 들여놓고 있는 시대는 군중의 시대다." 이렇게 르봉은 새로운 20세기가 '군중의 시대'가 될 것임을 예견하고 있다.

개인이 군중에 속하면 더 큰 힘을 갖게 된 것처럼 행동한다. 군중 속에서 자기를 잃고 익명화되어 무책임한 행동도 서슴지 않는다. 비이성적인 광기에 빠지기 쉬우며, 거짓인 줄 알면서도 인정하려 들지 않는다. 군중 속에 숨는 일은 쉽지만, 매우 위험하고 어리석은 일이다.

*

한결같은 마음

처음과 끝이 같은 사람을 우리는 '변함없는 사람'이라고 말한다. 내가 가장 좋아하는 사람은 '한결같은 사람'이다. 내가 가장 좋아하는 마음은 '한결같은 마음'이며, '변함없는 마음'이다.

새 사람을 사귀게 되면 누구든 그 사람만이 가진 새로움에 열중하게 된다. 그러나 그 새로운 포장 뒤에 숨겨진 그 사람의 속성과 단점이 드러나게 되면 우리는 쉽게 싫증을 낸다. 마치 단물이 빠져버리면 의미 없는 껌처럼 우리는 또 다른 새 친구, 새 물건을 찾아 헌 친구, 헌 물건을 '투' 하고 뱉어버린다.

첫사랑을 느꼈을 때의 그 생생한 기쁨을 안고 평생을 살 수 있다면. 사람을 처음 만났을 때의 그 달콤한 우정을 영원토록 나눌 수 있다면. 새 차를 샀을 때의 그 기쁨을 그 차가 폐차될 때까지 간직하고 아끼고 소중히 여길 수 있다면.

새 옷을 샀을 때의 그 날아갈 듯한 기쁨을 그 옷을 입을 때마다 되새김할 줄 아는 변함없는 마음. 첫 직장을 가졌을 때의 그 겸손함을 그 회사의 사장이 되었을 때까지도 간직할 수 있는 그 변함없는 마음. 라면도 못 먹던 무명가수가 화려한 스타로 성장했을 때도 여전히 검소함을 잃지 않는 그 변함없는 마음.

그 초심의 마음이 늙어 죽을 때까지 변함없이 이어질 수 있다면.

*

돌에 새겨진 맹세

국립경주박물관에 아주 흥미로운 유물이 하나 있다. 신라의 두 화랑이 서로의 맹세를 새겨놓은 작은 돌멩이가 바로 그것이다. 이 돌에 다음과 같은 내용이 새겨져 있다.

"임신년壬申年 6월 16일 두 사람은 함께 하느님 앞에 맹세하여 기록한다. 지금으로부터 3년 이내에 충도忠道를 다져 가고 과실이 없기를 맹세한다. 나라가 평안하지 않고 어지러우면, 가히 모름지기 충도를 행할 것 또한 맹세한다. 신미년辛未年 7월 22일에도 크게 맹세한 일이 있듯이 『시詩』, 『충효忠孝』, 『예기禮記』, 『춘추전春秋傳』을 차례로 습득할 것을 맹세하되 3년으로 했었다."

위와 같은 내용의 맹세를 새긴 두 화랑의 이름은 밝혀져 있지 않다. 두 화랑은 서로의 언약을 새기는 것으로 우정을 다져 나갈 것을 맹세했으며, 서로 한눈팔지 않고 3년 동안 공부에 정진할 것을 약속했던 것이다. 그들이 약속한 것처럼 3년 동안 한눈팔지 않고 공부에 전념했는지는 확인할 수 없지만, 그들 중 하나는 백제군과 싸우다 아까운 나이에 목숨을 잃었을지도 모른다. 아니면 당나라와의 전쟁에서 용감히 싸우다 나라를 위해 전사했을 수도 있다.

어느 시대이건 젊은이들은 그 시대의 힘인 법이다. 돌 위에 한 자 한 자 다정하게 새겨 나간 두 화랑의 모습을 상상해 보라. 오늘 젊은이들은 어디에 무엇을 걸고 맹세할 것인가. 우정과 피 끓는 정열을 어디에 낱낱이 기록해서 보관해 둘 것인가.
*

우리의 손기정은 이겼다

1936년 8월 11일자 《동아일보》의 사설 제목은 다음과 같다. '우리의 손기정은 이겼다.'

베를린 올림픽에서 손기정은 2시간 29분 19초의 세계 기록으로 우승했다. 이 우승 뒤에는 잘 알려지지 않은 일화가 하나 있다. 당시 최고의 선수는 아르헨티나의 자바라였는데 손기정은 우승 후보인 자바라의 뒤를 좇는 것으로 전략을 삼고 처음부터 바짝 그를 뒤쫓기 시작했다. 무더운 8월, 우승을 향한 집념을 안고 초반부터 스퍼트하고 있던 자바라를 쫓아가고 있는 동안, 영국의 마라토너 하퍼가 손기정에게 다음과 같이 충고했다고 한다.

"천천히, 그리고 꾸준히 뛰세요. 그는 곧 지칠 겁니다."

이 말을 듣는 순간 손기정은 자바라를 쫓아가는 것을 포기하고 자신의 평소 페이스대로 속도를 늦추었으며, 남을 의식하지 않고 오직 자신과 싸움을 벌여 우승할 수 있었던 것이다.

당대 제일의 마라토너 자바라는 도중에 기권했으며, 손기정에게 천천히 뛰라고 충고한 영국의 하퍼는 2등으로 골인했다. 만약 손기정이 앞서 달리는 자바라만 바라보고 그를 경쟁 상대로 계속 달렸더라면, 손기정도 중도에서 오버 페이스로 기권하고 말았을 것이다.

*

월급월만

한 제자가 스승에게 물었다.
"스님, 제가 노력한다면 얼마 만에 도를 이룰 수 있겠습니까?"
그러자 스승이 대답했다.
"한 3년이면 되겠지."
성미 급한 제자가 말했다.
"3년은 너무 깁니다. 저는 밤잠도 자지 않고 불철주야로 노력하겠습니다. 그러면 얼마 만에 도를 이룰 수 있겠습니까?"
그러자 스승이 대답했다.
"그러하겠느냐? 그러면 30년이 걸리겠구나."
제자가 어리둥절해서 물었다.
"조금 전에는 3년이면 도를 이룰 수 있다고 하셨는데, 어째서 30년이 걸릴 것이라고 말씀하십니까? 저는 무슨 수를 써서라도 빠르게 도를 이루고 싶습니다."
그러자 스승이 대답했다.
"그렇다면 앞으로 300년이 걸리겠구나."
그리고 나서 스승은 제자에게 다음과 같은 금언을 남긴다.
'월급월만越急越慢.'

급하면 급할수록 느려야 한다는 이 성어의 뜻은, '급할수록 돌아가라'는 우리의 옛 속담을 생각나게 한다.

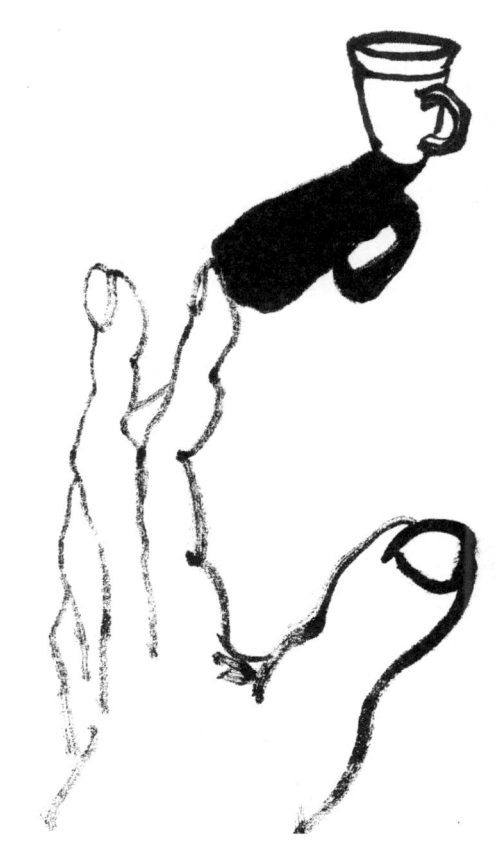

비애에 젖은 조커

트럼프 게임에서 행운의 숫자는 '에이스Ace'일 것이다. 에이스 다음으로 힘이 강한 것은 킹King이다. 킹은 각기 다른 문양의 네 개의 왕국을 거느리고 있다. 왕비와 왕자와 그리고 열 명의 신하들을 거느리고 단단하게 군림하고 있다. 이 네 왕국이 어우러져 각종의 트럼프 놀이가 전개된다. 포커 게임, 브릿지 게임 등 종류도 다양한 '놀이'가 시작되는 것이다.

그런데 한 벌의 트럼프를 사면 그 안에 쉰두 장의 정식 멤버에 속하지 않는 기이하게 생긴 트럼프가 두 장씩 들어 있는 것을 발견할 수 있다. 이 두 장의 혹은 한 장의 외톨이는 어느 왕국에도 속하지 않는다. 그의 이름은 '조커Joker'이다.

이 조커는 클로버 왕국의 신하도 아니며 다이아몬드 왕국의 신하도 아니다. 그는 다만 이방인일 뿐이다. 그에게는 계급도 없다. 그는 자신의 고유 넘버를 갖고 있지도 않다. 이를테면 어릿광대에 불과한 것이다. 실제로 조커는 괴상한 모자에 유머러스한 표정을 짓고 있다. 왕이나 왕비나 왕자처럼 화려한 옷을 입지 못하고 어느 왕국에도 소속되지 않은 이방인이다.

어떤 게임에서 조커는 가진 사람에게 행운이 된다. 조커는 자신의 고유 넘버를 갖고 있지 않은 무형의 자유인이므로 트럼프를 가진 사람이 원하는 대로 유리한 임기응변의 임시 넘버를 소유하게 된다. 조커는 가진 사람의 임의대로 에이스가 될 수도 있으며 필요한 때는 왕비도 된다. 그러므로 조커는 남성도 아니고, 여성도 아니고, 중성도 아니고, 그야말로 무한대의 자유를 가진 존재이다.

그러나 어떤 게임에서 조커는 도둑이 되어버린다. 흔히 도둑 게임이라는 트럼프 놀이에서는 최후까지 조커를 가진 사람이 게임에서 지게 된다. 조커는 이런 식으로 게임의 종류에 따라 승리의 여신이 되기도, 불행을 몰고오는 악마가 되기도 한다. 그럼에도 불구하고 혼자만으로는 아무런 의미를 갖지 못하는 존재이다. 자신의 고유 넘버를 갖지 못했으므로 혼자만으로는 인격체로 존재할 수가 없다.

그는 자신의 이름이 조커(익살꾼)이지만 누구와 어울리지 못하면 조크(익살)를 떨지 못하게 된다. 그가 가장 행복할 때는 무리 속에 참여할 때이다. 그는 때로는 왕이 되고 때로는 도둑도 되는 천의 얼굴을 가진 어릿광대가 된다. 그의 익살을 구경해 주는 군중이 없으면 그는 몹시 고독해지게 된다. 그것이 조커의 표정이 천애의 고아처럼 비애에 젖어 있는 이유이다.

*

갓난아기의 울음

갓난아기의 울음을 가만히 관찰해 보면 두 가지 경우로 나눌 수 있다. 하나는 갓난아기가 눈물을 흘리면서 우는 울음이요, 또 하나는 눈물을 흘리지 않고 그저 우는 소리만 낼 뿐 건성으로 흐느끼고 있는 경우이다. 배가 고프거나 기저귀가 젖어서 울 때는 눈물이 흐르지 않는다. 그러나 어딘가 몸이 아플 때는 눈물을 흘리면서 운다.

눈물을 흘리지 않고 울 때는 우유를 먹이거나 젖은 기저귀를 갈아주면 된다. 그러나 어딘가 몸이 아파 울 때면 젖을 물려도 아기는 울음을 그치지 않는다. 결국 울음은 같지만 그 울음에 눈물이 있는가 없는가에 따라서 아픔과 고통의 깊이와 부위가 달라지는 것이다.

아기의 울음은 인간이 가진 심상의 거울과 같다. 인간도 마찬가지라고 말할 수 있다. 우리는 사소한 일에도 신음 소리를 내며 흐느끼고 통곡한다. 그러나 자세히 따지고 보면, 우리의 울음도 눈물을 동반한 울음과 눈물 없이 그저 건성으로만 괴로워하며 슬퍼하고 있는 울음으로 나뉠 것이다.

눈물을 동반하지 않는 울음은 그저 슬픔일 뿐이다. 그것은 고통을 나타내 보이는 몸짓이고, 자신의 처지를 하소연해 보이는 투정이며, 자신의 존재를 알리려는 하나의 신호일 뿐이다. 우리가 진정으로 우는 울음에는 반드시 눈물이 따르게 마련이다.

인간은 영혼의 아픔 없이는 눈물을 흘리지 않는다. 배가 고파도 쉽게 눈물을 흘리지 않던 어린아이가 어딘가 몸이 아플 때만 눈물을 흘리듯, 인간은 육신에서 비롯된 아픔 혹은 영혼 그 자체의 아픔이 있을 때 비로소 눈물을 흘리게 되는 것이다. 인간이 위대한 것은 자기 자신의 영혼의 상처 때문만이 아니라, 타인의 고통에도 슬퍼하고 눈물을 흘릴 줄 아는 자비심 때문이다.

*

국가가 망하는 일곱 가지 조건

간디는 인도의 민족지도자이자 사상가로 20세기가 낳은 위대한 인물이다. 인도의 문호 타고르로부터 "마하트마", 즉 위대한 영혼으로 칭송을 받은 그는 열여덟 살 때 영국으로 유학을 가서 법률을 배웠고, 변호사로 남아프리카공화국으로 건너가 그곳에 사는 차별받는 인도 사람들을 보고 아힘사, 즉 비폭력을 중심으로 하는 간디주의를 형성하여 투쟁을 벌이게 된다. 이 투쟁으로 인해 세계적으로 알려진 그는 고국으로 귀국하여 인도를 식민지로 삼고 있는 영국과 계속 투쟁해 나간다.

1947년 7월 인도가 영국으로부터 분할 독립되자 그는 일흔여덟 살의 고령에도 불구하고 힌두교도와 이슬람교도의 융화를 위해 애쓰다가 반이슬람 극우파 청년의 총탄에 쓰러졌다. 그는 생전에 국가가 망하는 일곱 가지 조건을 다음과 같이 말했다.

"이럴 때 국가는 희망이 없으며, 멸망의 길로 나아갈 것이다. 첫째는 원칙 없는 정치이며, 둘째는 도덕 없는 상업이며, 셋째는 노동 없는 부이며, 넷째는 인격 없는 교육이며, 다섯째는 인간성 없는 과학이며, 여섯째는 양심 없는 쾌락이며, 일곱째는 희생 없는 신앙인 것입니다."

*

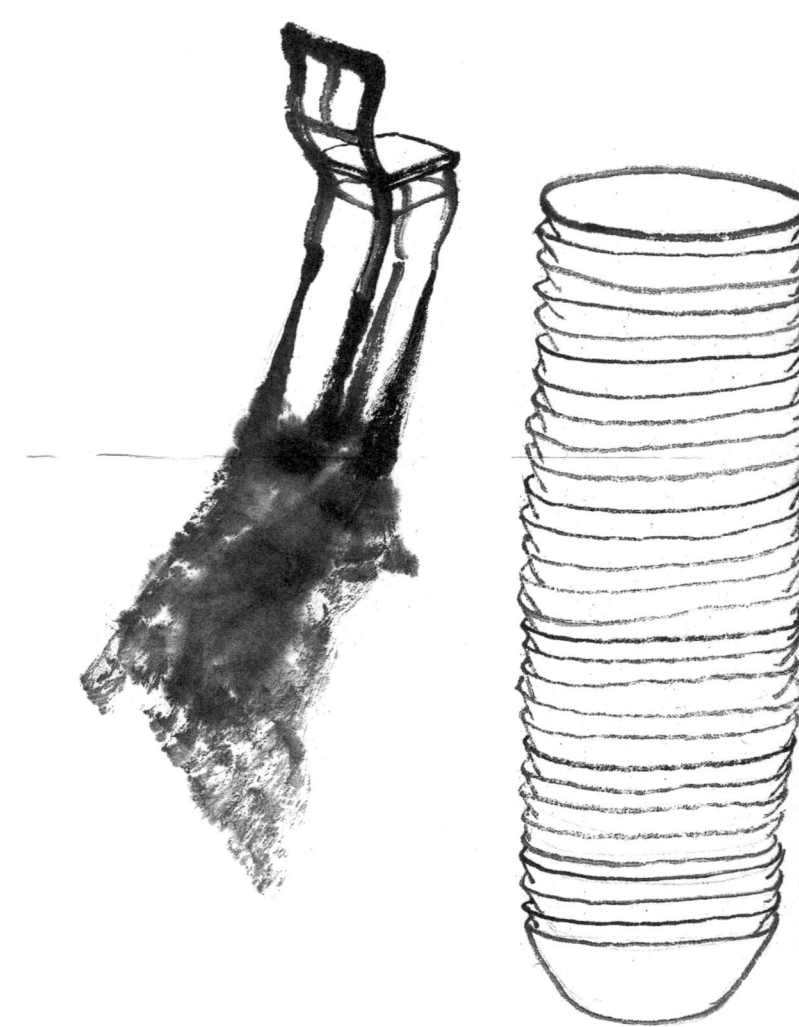

거상의 조건

임상옥(1779~1855)은 4대째 평안북도 의주에서 장사를 하던 가난한 상인의 아들로 태어나, 열여덟 살 때부터 사신을 따라 중국을 오가며 무역을 배워 마침내 인삼 교역으로 조선 최대의 거상이 된 무역왕이다.

어느 날 세 명의 장사꾼이 돈을 빌려달라고 찾아왔다. 임상옥은 각자 한 냥씩 꿔주고 장사를 해서 이문을 남겨 닷새 후에 돌아오라고 말했다. 한 사람은 짚신 다섯 켤레를 팔아 이익을 다섯 푼 남겨 왔고, 한 사람은 대나무와 창호지를 사다가 종이 연을 만들어 팔았는데 마침 섣달 열흘이라 대목을 봐서 한 냥을 남겨 왔다. 그러나 나머지 한 사람은 엉뚱하게도 백지를 한 장 사서 그 종이 위에 '절간에 들어가 글을 읽을 터이니 비용을 대달라는 소지素志를 의주 부윤府尹에게 써 올린 후 열 냥을 빌려 왔다. 이 말을 들은 임상옥은 짚신을 판 사람에게는 백 냥, 종이 연을 판 사람에게는 이백 냥, 허황한 짓을 한 사람에게는 서슴없이 천 냥을 빌려주고 1년 후에 갚으라고 했다. 1년 후 다른 사람들은 나타났지만 그 마지막 사람만은 나타나지 않았다. 어느덧 6년이 지난 후 그가 나타났다. 그는 그 돈으로 인삼 씨앗을 사서 태백산 속에 들어가 씨를 뿌린 후 6년의 기다림 끝에 인삼 열 바리, 그러니까 십만 냥의 거금을 벌어 돌아온 것이다.

이 세 사람에 대해 임상옥은 다음과 같이 평했다.

"짚신을 만들어 판 사람은 하루 벌어 하루를 살 장사꾼에 지나지 않는다. 종이 연을 판 사람은 때를 살필 줄 아는 작은 상인이라고 말할 수 있다. 그러나 씨앗을 뿌린 상인이야말로 기다릴 줄 아는 인내심과 상업의 근본을 보는 눈을 가진 사람이다. 그는 반드시 거상이 될 것이다."

*

남과 더불어 살아가는 지혜

*

의자 싸움

원래부터 높은 사람, 낮은 사람은 없다. 높은 자리와 낮은 자리만이 있을 뿐이다. 높고 낮은 것은 위치의 차이일 뿐이다.

인간에게 있어 권력과 명예와 부의 싸움은 이오네스크가 표현했듯 하나의 의자 싸움에 지나지 않는다.

*

있는 그대로의 나

남보다 자기를 낮추는 것은 결코 겸손이 아니다. 그것은 위선이다. 남을 자기보다 못하다고 여기면서 자신을 낮추어 허리를 굽혀 인사하는 것은, 마치 한 표를 얻기 위해 허리를 굽신거리는 정치꾼과 같다.

남을 섬긴다는 것도 결코 겸손이 아니다. 우리에게 섬겨야 할 대상이 어디 있으며, 우리가 섬김을 받아야 할 만큼의 자격이 있는 것일까.

겸손이란 자연처럼 있는 그대로의 자기 모습을 숨김없이 보여주는 일이다. 우리가 진심으로 남을 변화시키려면 먼저 그를 사랑해야 한다. 남을 사랑하려면 그를 있는 그대로 인정해야 한다. 남을 있는 그대로 인정하려면 먼저 나를 있는 그대로의 모습으로 드러내 보여야 한다.

나를 있는 그대로의 모습으로 드러내 보이는 일이야말로 '겸손'이다.

*

생각을 바꿔라

원인이 있으면 결과가 있고, 좋은 인연을 맺으면 좋은 업을 이루고, 나쁜 인연을 맺으면 나쁜 업을 이룬다.

허공에 뱉은 말 한마디도 그대로 사라져버리는 법은 없다. 자신이 지은 아무리 가벼운 죄라 할지라도 그대로 소멸되어 버리는 법은 없다. 인간이 하는 모든 행동은 그대로 씨앗이 되어 민들레 홀씨처럼 날아다닌다. 나쁜 생각과 나쁜 행동들은 나쁜 결과를 맺어 악의 꽃을 피운다. 나쁜 행동들은 독화살이 되어 남을 해치고, 마침내는 자신의 심장을 끊어 자신을 해치는 것이다. 마찬가지로 좋은 행동과 선행은 그대로 사라지는 법이 없이 샘을 이루고 내를 이루고 강을 이루어 생명의 바다로 나아간다.

생각은 행동을 낳고, 행동은 습관을 낳고, 습관은 운명을 낳는다. 우리의 운명을 바꾸기 위해서는 무엇보다 먼저 우리의 생각을 바꾸지 않으면 안 되는 것이다.

*

사형 선고

불치의 암에 걸린 환자가 자신이 암에 걸렸다는 사실을 알게 되는 순간, 그 사람의 마음에는 네 가지 감정의 변화가 찾아오게 된다고 많은 의학자들은 말한다.

맨 처음, 암에 걸렸다는 것을 알게 된 환자들은 자신에게 찾아온 이 불의의 방문객을 격렬히 '부정'하게 된다고 한다. 이런 격렬한 부정 상태가 지나면 환자들은 이번에는 격렬한 '분노'에 휩싸이게 된다고 한다. 이러한 '분노'의 시기가 지나면 다음엔 '체념'의 시기가 뒤따른다. 어차피 분노도 슬픔도 죽음 앞에서는 무력한 법. 삶을 버리고 삶의 의지를 포기하고 담담하게 죽음을 맞이하는 체념의 시기가 온 뒤, 마침내 환자는 '신神을 찾게' 된다고 한다.

우리는 어떠한가? 비록 암에 걸려 있지 않다고 해도 태어난 순간부터 죽음을 향해 달려가고 있는 환자와 같다. 옛 철학자들이 '태어난 순간부터 우리는 조금씩 죽어가고 있는 것이다'라고 말한 것은 날카로운 통찰이다. 다만 우리들이 암 환자들과 다른 것은, 자신이 언젠가는 죽을 것이라는 사형 선고를 받았지만 그 사실을 까마득히 잊고 있다는 점뿐이다.

*

앨프레드 히치콕

세계의 영화감독 가운데 앨프레드 히치콕만큼 특별한 감독도 없을 것이다. 몇 개의 멜로드라마를 빼면 평생 동안 괴기와 공포만을 집중적으로 분석하고 다룬 스릴러 영화의 명장이다. 그는 탁월한 재능은 물론, 자기 작품에 꼭 한 번씩 자신의 모습을 화면에 담는 것으로도 유명한 감독이다.

그는 자신의 영화에서 언제나 한마디 대사도 없이 지나가는 노인으로, 손님으로 슬쩍 등장하고는 한다. 그럼에도 불구하고 그의 영화를 감상하는 팬들은 영화를 보면서 앨프레드 히치콕 영감의 모습이 언제 나올 것인가 궁금해 하며 기다린다.

그러다가 우연히 거리의 모퉁이에 특이한 용모의 앨프레드
히치콕 영감이 등장하면, 그를 맨 먼저 발견한 관객은 마치
신대륙을 발견한 콜럼버스처럼 소리를 내어 환성을 지르게
된다.

*

히치콕Alfred Hitchcock(1899~1980) _영화감독. 스릴러, 서스펜스 영화의 거
장이다. 런던대학교에서 미술을 전공하고 1920년 영화사에 입사하여 각본가,
미술감독을 거쳐 1925년 영화감독이 되었다. 대표작으로 〈백색의 공포〉(1945),
〈나는 고백한다〉(1952), 〈현기증〉(1958), 〈북북서로 진로를 돌려라〉(1959), 〈사
이코〉(1960), 〈새〉(1963) 등이 있다.

큰 바위 얼굴

호손(1804~1864)은 미국의 소설가로 매사추세츠 주에서 선장의 아들로 태어났다. 그가 남긴 짧은 소설 중에 「큰 바위 얼굴」이라는 주옥 같은 작품이 있다.

어머니와 어린 아들 어니스트는 높은 분지에 싸인 조그만 통나무집에서 살고 있었다. 이 골짜기에는 '큰 바위 얼굴'이라고 불리는 장엄하고도 숭고한 형상의 바위가 하나 있었는데, 어머니는 아들에게 실제로 그 바위와 같은 모습을 한 거룩한 사람이 언젠가는 찾아올 것이라는 예언을 들려준다. 어니스트는 그 바위를 스승으로 삼아 그 바위와 같은 얼굴을 지닌 사람이 찾아올 것을 믿으며 평생을 보낸다. 어니스트가 소년이 되었을 때 막대한 재산을 가진 거부가 고향으로 돌아온다는 말을 듣고, 소년은 그 사람이 예언의 인물임을 확신하고 기다린다. 그러나 그 거부가 왔을 때 마을 사람들은 모두 그 부자가 큰 바위 얼굴과 닮았다고 환호하지만 소년은 실망한다. 그가 청년이 되었을 때 위대한 장군이 찾아온다. 사람들은 그 장군이 큰 바위 얼굴과 닮았다며 환호하지만 어니스트는 '예언의 인물이 아니다'라고 하며 다시 기다린다. 다음에는 정치가 한 사람이 찾아온다. 어니스트는 그 정치가에게도 실망을 한다. 예언의 인물이 찾아오기를 기다리는 동안 어니스트는 늙어 노인이 되었다. 어느 날 저명한 시인 한 사람이 찾아온다. 그러나 그 시인의 얼굴도 어니스트가 그토록 기다리던 큰 바위 얼굴은 아니었다. 실망한 어니스트가 울고 있을 때 시인은 문득 겸손하고 온화하고 사려 깊은 어니스트의 모습을 바라보면서 다음과 같이 외친다. "보시오, 보시오! 어니스트 씨야말로 큰 바위 얼굴과 똑같습니다."

끊임없이 큰 바위 얼굴의 겸손과 침묵 그리고 그 거룩한 인내와 순종을 닮으려고 노력하면서 한평생을 보냄으로써, 자연의 풍상이 큰 바위를 거룩한 얼굴로 조각한 것처럼 그 마음속에 깃든 인격으로 스스로의 얼굴을 큰 바위 얼굴로 조각해 나갔던 것이다.

✽

의상을 벗어라

일찍이 영국이 낳은 비평가이자 역사가인 칼라일은 『의상철학』이란 평론을 통해 다음과 같이 말하고 있다.

"우리의 육체는 영혼이 입은 하나의 의상입니다. 자연은 신의 의상이며 따라서 끊임없이 변화하는 자연은 신이 의상을 갈아입은 모습입니다. 그러므로 인간이 만들어내는 사상, 제도, 이데올로기 등은 의상에 붙어 있는 단추처럼 있지도 않은 가상의 존재에 불과한 것입니다."

이 급변하는 세계에 아직도 우리들은 단추 하나를 서로 빼앗으려고 사생결단을 벌이고 있다. 아직도 남과 북이 갈라져 서로를 미워하고 있으며, 지역은 지역대로 계층은 계층대로 갈라져 서로를 증오하고 있다. 옷을 벗어버리고 새 의상으로 갈아입으면 될 것을 낡은 의복을 고집하면서 단추 하나를 서로 빼앗아 달려고 원수가 되고 있다.

변화하는 세계, 변화하지 않으면 살아남지 못하는 이 불확실한 미래를 앞두고 있는 이때에 나는 어릿광대가 되어 절규한다.

"네 의상을 벗어라."

*

화를 잘 내는 사람

화를 잘 내는 성격은 불안을 침착하게 인내하고 감수하는 정서적 안정의 결핍 때문이다. 화를 잘 내는 사람의 특징은 모든 잘못과 모든 실수와 모든 과오가 자기 탓이 아니라 남의 탓 때문이라고 생각한다. 무슨 일이 생기면 그것을 침착하게 살핀 다음 냉정하게 대처하지 못하고, 그 책임을 자신이 아닌 남의 탓으로 미뤄버리기 위해 먼저 화부터 내고 보는 것이다. 화를 잘 내는 사람은 결국 자신의 불안을 남에게 뒤집어씌우는 것으로 자신의 결백을 주장하는 이기주의자이다.

하루에도 수십 번씩 나를 화나게 하는 일들, 말들, 사건들이 생기지만 가만히 숨을 멈추고 침착하게 그 원인을 살펴보면, 그 일들이, 말들이, 사건들이 나를 화나게 하는 것이 아니라 그것을 받아들이는 내 마음속의 불안이 스스로 화의 불꽃을 돋우고 있음을 깨닫게 될 것이다.

*

남의 말 가로채기

사람과의 대화에서 우리가 고쳐야 할 가장 나쁜 습관 가운데 하나는 남의 말을 중간에서 가로채는 일이다. 가진 것이 많은 사람일수록, 권력이 높은 사람일수록 일방적으로 자신이 말하는 것만 좋아할 뿐, 남의 말을 듣는 데는 참을성이 없다. 그래서 그들은 남의 말을 듣는 것을 시간이 아깝다고 생각하고 힘의 낭비라고 생각한다. 그래서 곧장 남의 말을 가로채고 이렇게 명령한다.

"요점만 말해."

사람들에게는 자기가 말을 한 만큼 남의 말을 들어주어야 할 의무가 있다. 그러므로 남의 말을 가로채는 것은 그의 인격을 무시하는 폭력이며 인권을 짓누르는 모독이다. 독재자들은 맨 먼저 국민들의 말을 통제한다. 카리스마를 지닌 직장의 상사들로 마찬가지이다. 권위적인 가장도 그렇다.

남의 말을 열심히 듣는 것은 사실 그렇게 쉬운 일이 아니다. 그러나 최소한 남의 말을 가로채어 중단시키지 않는 예의를 지키는 것만큼은 그다지 어려운 일이 아닐 것이다.

*

개선장군의 길을 포기하다

테레사는 스물한 살의 나이로 수녀원에 들어가 구도자가 되었다. 그녀가 수녀원에 들어갔을 때는 수도원이라기보다 일종의 귀족들의 사교장이었으며, 아직 결혼을 하지 않은 처녀들이 알맞은 짝을 찾을 때까지 기다리던 대기소 같은 곳이었다. 그녀는 이러한 완화된 수녀원을 초기의 사막 수도자들처럼 엄격하고 가난하며 고독한 수녀원으로 개혁하기로 결심하여 봉쇄, 고독, 잠심을 개혁 수도원의 3대 목표로 내세우고 이를 과감하게 개혁해 나갔다.

그녀는 자신이 개혁하는 수녀원 이름을 '맨발의 수도원'이라고 불렀다. 그녀는 수도자의 발에서 신발마저 벗김으로써 무서운 청빈 정신을 실천해 나가기 시작했다. 그 무렵 많은 성직자들과 존경을 받던 귀족들은 도대체 이처럼 어리석기 짝이 없는 수도원 개혁이 무슨 소용이 있느냐고 그녀를 질타했다. 혼란한 시대에 수도원이 스스로 외부 세계와의 문을 단절하고 평생을 수도원에 갇혀 밤낮 기도만 하는 관상생활이, 이 사회에 어떤 이익을 줄 수 있는가 하는 것이 기득권을 가진 종교 집단의 질문이었다. 이에 테레사는 다음과 같이 대답했다.

"전쟁터에서는 적과 싸우는 병사만 필요한 것이 아닙니다. 전쟁터에서는 비록 칼과 총을 들고 있지는 않지만 깃발을 들고 있음으로써 모든 병사들에게 앞으로 나아가는 희망과 승리를 약속하는 상징적인 의미를 갖는 기수도 있습니다. 오히려 기수는 부상을 입거나 상처를 입어도 쓰러질 수가 없습니다. 왜냐하면 자신이 쓰러지면 깃발도 함께 쓰러지기 때문입니다. 또한 기수는 적으로부터 표적이 되기 쉽습니다. 적들은 기수를 쓰러뜨림으로써 그를 따르는 병사들의 사기를 떨어뜨리기 위해 집중적으로 공격하게 마련입니다. 우리 수도자들은 전쟁터의 기수와 같습니다."

구도자들은 처음부터 영예로운 전사의 길을 포기한 사람들이다. 적을 이기고 승리함으로써 개선장군이 되어 몸에 훈장과 승리의 갑옷을 입는 그 세속의 영광을 스스로 포기한 사람들이다. 아무런 보상도 없고 오직 적으로부터 표적이 될 뿐인, 그러면서도 가장 앞장서서 나아갈 수밖에 없는 깃발을 세워 든 기수의 길을 스스로 선택한 사람들이다.

*

거듭 태어나야 한다

타인과의 혹은 다른 나라와의 경쟁은 우리를 불행하게 한다.

우리는 태어난 순간부터 남을 이기고 남을 짓밟고 1등이 되기 위한 경쟁 속에서 살아왔다. 우리의 교육은 한 사람의 1등, 한 사람의 '난 사람'을 위한 쇼로 전락하고 말았다. 이제는 '난 사람'을 목표로 할 때가 아니라 '된 사람'을 목표로 할 때이다. 세계화는 다른 나라를 경쟁 상대로 여기는 '일등주의'가 아니라, 오히려 상식화를 뜻하며, 인간화를 뜻해야 할 것이다.

우리가 역사의 이름 앞에서 참된 일인자로 남기 위해서는 지금 우리가 하는 작업에 최선을 다하고, 철저한 장인정신으로 거듭나야 한다. 모두가 역사에 이름을 남기기 위해서 경쟁하며 몸부림칠 때, 우리 사회는 숨 가쁘고 무자비한 사회가 될 것이다.

✽

아름다운 모습

10여 년 전 봄에 나는 아내와 더불어 동남아를 여행했다. 함께 떠난 사람들은 쉰 명. 대부분 칠십이 넘은 노인들이었고 팔십이 넘은 부부들도 서너 쌍 있었으니, 아마도 우리 여행단의 평균 연령은 일흔다섯 살쯤 되었을 것이다. 나는 일찍이 이렇게 많은 노인들과 이렇게 집중적으로 열흘가량 함께 생활하면서 지내본 적이 없었다.

소포클레스는 이렇게 말했다.
"늙어가는 사람만큼 인생을 사랑하는 사람은 없을 것이다."

소포클레스의 말처럼 노인들은 한결같이 인생을 사랑하고 있었으므로 내게는 모든 노인들이 아름답게 비쳤다. 노인들의 모습을 보는 것은 석양의 낙조를 바라보는 것처럼 황홀했다. 그들이 비록 허리가 굽고, 거동이 불편하고, 행동이 느리고, 머리가 희어져 볼품이 없다 해도 한평생을 살아온 사람만이 가질 수 있는 아름다움이 있었다.

노인을 보면 인생이란 저렇게 살 만한 가치가 있구나 하는 것을 느끼게 된다. 노인들은 존경받아야 한다. 노인들이 쓸모없다고 버림 받는 사회는 찰나주의의 쾌락 속에 허물어져 갈 것이다. 전통적으로 우리 민족들은 노인들을 숭상해 왔다. 이를 최고의 예禮라고 가르쳐왔다. 노인들이 쓸모없다고 쓰레기처럼 버려진다면 인간의 존엄성은 사라지게 될 것이다.

*

소포클레스Sophocles(BC 496?~BC 406) _고대 그리스의 3대 비극 작가 중 한 사람. 아테네 교외의 콜로노스에서 태어났다. 90세까지 모두 123편의 작품을 썼다고 한다. 현재는 7편이 남아 있다. 소포클레스는 고뇌나 죽음은 인간 존재의 실상이고 피할 수 없는 것으로 보아, 죄 없는 사람들의 고뇌를 그대로 묘사했다. 주인공은 결정적인 상황에 놓였을 때 타협하지 않고 용기를 가지고 대결하며, 굴욕적인 삶보다는 죽음과 파멸을 선택한다. 이처럼 강고하고 고귀한 인간이 고뇌하는 데에 비극적인 아름다움, 숭고함이 있다. 『아이아스』, 『안티고네』, 『오이디푸스왕』, 『엘렉트라』, 『트라키스의 여인』, 『필로크테테스』, 『콜로노이의 오이디푸스』 등의 작품이 남아 있다.

사랑아, 나는 통곡한다

〈사랑아, 나는 통곡한다〉 오래전에 '몽고메리 크리프트'가 나왔던 영화의 제목인데, 내용은 다 잊어버렸지만 그 제목이 왠지 요즈음 내 머릿속에서 맴돌고 있다.

오래전에 우리 나라에 이런 가사의 노래가 유행한 적이 있었다. '사랑을 하려거든 연필로 쓰세요. 사랑을 쓰다가 틀리면 지우개로 깨끗이 지워야 하니까.'

나는 다르게 생각한다.

연필로 쓰는 사랑은 하지 말자. 쓰다가 수틀리면 지우개로 지울 수 있는 사랑은 하지 말자. 우리의 삶은 한 사람의 여성을, 또는 한 사람의 남성만을 완전히 사랑하기에도 너무나 짧은 한바탕의 꿈과 같다.

사랑을 하려거든 운명처럼 다가와서 그 사랑이 파도가 되고, 폭풍이 되고, 생명이 되고 마침내 통곡이 될 수 있는 그런 사랑을 하자.

*

마음에서 흘러넘친 말

내 입에서 감사합니다라는 말이 나올 때는 내 마음 전체가 감사하는 마음으로 가득 차기를 바라며, 내 입에서 고맙습니다라는 말이 나올 때는 내 마음 전체가 고마운 마음으로 가득 차기를 바란다.

물이 가득 채워져 잔이 흘러넘치듯, 내 마음이 먼저 가득 넘쳐 그 흘러넘치는 마음이 비로소 말이 되어 나오기를 나는 간절히 소망한다.

내 입에서 사랑합니다라는 말이 나올 때는 내 마음이 사랑하는 마음으로 가득 차기를 바라며, 내 입에서 남을 칭찬하는 말이 나올 때는 내 마음이 먼저 칭찬의 기쁨으로 가득 차기를 바란다.

✱

옷도 휴식이 필요하다

우리가 저녁 때 돌아와 옷을 벗는 것은 잠을 자기 위해서가 아니라, 그 옷으로부터 떠올리게 되는 구속과, 형식과, 나날의 일인 생활과, 그 나날의 일인 생활로 축적되어 가는 개인사의 기록과, 역사를 잠시 유보해 두기 위해서이다.

사람에게 휴식이 있어야 하듯이 옷에게도 휴식이 있어야 한다. 사람들이 눈을 감고 잠들고 꿈을 꾸며 휴식을 취하듯이, 옷도 옷장 안 옷걸이에 걸린 채 꿈을 꾸는 휴식이 필요할 것이다.

*

소설은 의상이다

위대한 소설은 위대한 의상이다. 위대한 소설은 치수도 없다. 난장이가 입으면 난장이에게 어울린다. 거인이 입으면 거인에게 어울린다. 젊은이가 입어도, 노인이 입어도 언제나 썩 잘 어울릴 것이다. 작가는 위대한 의상을 만들어내는 재단사이며, 위대한 의상은 한 사람이 아니라 수많은 사람들이 함께 입어도 될 만한 천막이 되기도 한다.

*

일치를 이루는 일

『어린 왕자』로 유명한 프랑스의 소설가 생텍쥐페리는 그의 소설 『인간의 대지』에서 다음과 같은 유명한 문구를 남기고 있다.

'사랑한다는 것은 두 사람이 서로 마주 보는 것이 아니고, 두 사람이 함께 같은 방향을 쳐다보는 것이다.'

십자가의 성 요한도 그의 『영혼의 노래』라는 작품 속에서 다음과 같이 말하고 있다.

'사랑은 사랑하는 사람들끼리 서로 닮아가며 상대방의 모습으로 바뀌기까지는 결코 완전하다고 할 수 없다.'

이처럼 사랑하는 사람들끼리 서로 닮아가며 마침내 둘이 아닌 하나의 몸이 되기 위해서는, 서로 마주 바라보는 것이 아니라 똑같은 하나의 방향을 함께 쳐다보는 것이다. 이것이야말로 마음을 한데 모아 일치를 이루는 일이며, 일치를 이루는 일이야말로 한 몸을 이루는 사랑의 길일 것이다.

*

생텍쥐페리Antoine de Saint-Exupéry(1900~1944) _프랑스의 소설가. 평범한 일상에서 벗어나고자 1926년부터 위험이 뒤따르는 초기 우편비행 사업에 뛰어들었다. 제2차세계대전이 일어나자 군용기 조종사로 참전하여, 정찰비행 중 행방불명되었다. 『야간비행』, 『인간의 대지』, 『전투 조종사』, 『어린 왕자』 등의 작품을 남겼다.

내 남편이다

각 신문에 감동적인 기사가 실린 적이 있다. 교통사고로 식물인간이 된 남편을 6년 동안이나 간병해서 의식을 되살려낸 한 여인에 관한 기사였다. 이 여인은 의사들도 회복이 불가능하다고 포기한 남편을 기적적으로 소생시켰던 것이다.

그녀는 언제나 "그는 환자가 아니다. 내 남편이다"라고 스스로 다짐했으며, 하루에도 수십 차례 의식 없는 남편과 대화를 나눴다고 한다. 주위의 시선을 의식하지 않고 남편을 아기처럼 껴안고 뽀뽀를 했으며, 늘 남편에게 '식물인간으로나마 살아 있어주어 고맙다'라고 말해 주었다는 것이다.

*

아침 이슬

『길 떠나는 사람』이라는 책이 있다. 시보다 아름답고 보석처럼 영롱한 이 작품을 쓴 사람은 단지 '동방교회의 한 수도자'라고만 밝히고 있다. 알려진 것은 그 익명의 수도자가 1970년 부활절에 레바논에서 쓴 글이라는 것뿐이다. 그중에서 「아침 이슬」이라는 짧은 글의 전문을 소개하겠다.

아이야, 네가 광활한 우주와 하나가 되기를 바란다.
우주의 무형의 열망과 찬미에 동참하기 바란다.
네가 무한한 사랑과 하나가 되기를 추구하는 순간에,
겸손해지기를 바란다.

아침 이슬을 보아라
아침은 태양이 솟아오르기 직전이나 직후에
풀잎과 나뭇잎 끝에
진주알들을 굴려 매달아놓는다.

이슬은 땅이 습한 지역에 풍성하며,
날씨가 청명하고 고요할 때 잘 발견된다.
이슬방울들은 빛을 받아 무지갯빛으로 빛난다.

보잘것없는 이슬방울조차 우주의 근원적인 색조를 반사한다.

아이야, 태양을 받아들여
습한 땅에 사랑을 잉태시키는 이슬방울 같은 이가 되어라.

겸손한 자태로 한껏 세상의 아름다움을 반영하는
이슬 같은 이가 되어라.
*

사랑의 힘

성 프란체스코는 위대한 성인이다. 단순하고 천진한 신앙, 자연에 대한 사랑과 겸손 등으로 '또 하나의 그리스도'라고 불렸다. 이 성인이 노래하라고 말하면 새들도 노래했다고 한다. 클라라는 프란체스코의 설교에 감동하여 가족들의 반대를 무릅쓰고 수녀가 되었던 성인이다. 두 사람 사이에 다음과 같은 일화가 전해오고 있다.

두 사람은 서로 사랑했다. 그러나 수도원 사람들은 이 두 사람의 영적인 사랑을 이해하지 못하고 말이 많았다. 결국 프란체스코는 클라라를 멀리 보내기로 결심한다. 수도원 밖은 차가운 겨울바람이 불고 있었고, 떠나는 클라라를 배웅 나간 프란체스코는 말없이 눈에 덮여가는 길을 바라보고 있었다. 클라라는 작별 인사를 하고 눈길을 가다가 갑자기 돌아서서 프란체스코에게 물었다.

"언젠가 우리가 또다시 만날 수 있을까요."

이제는 다시 만나기 힘들다는 것을 두 사람은 잘 알고 있었다. 프란체스코는 말없이 눈 쌓인 산꼭대기를 바라본 후 이렇게 대답했다.

"저 산의 눈이 녹고 꽃이 필 때쯤이면 다시 만날 수 있겠지요."

그 말이 끝나자마자 갑자기 눈이 녹고 산마다 꽃이 피었다.

*

무소유

고려 말의 학자이자 명신名臣인 이조년李兆年(1269~1343)은 호가 매운당인데 유명한 시조 「이화에 월백하고」를 지은 시인이기도 하다.

소년 시절 그는 형 억년億年과 한강 가를 걸어가다 우연히 길가에서 금덩이를 주웠다. 하나씩 나누어 가진 두 형제가 기쁨에 들떠서 나룻배를 타고 강을 건너고 있었는데 갑자기 동생 조년이 금덩이를 강물 속에 던져버렸다. 깜짝 놀란 형이 이유를 묻자 조년이 대답했다.

"형님, 금덩이를 버리고 나니 마음이 편안해졌어요. 금을 형님과 나누어 갖고 난 후 줄곧 욕심이 솟구쳐 마음이 편치 않았어요. 형님이 없었더라면 내가 몽땅 가질 수 있었을 텐데라는 생각도 들고, 형님의 것을 뺏고 싶다는 충동마저 느꼈지 뭡니까. 그래서 나는 황금이 요물임을 깨닫고 버린 것입니다." 이 말을 들은 형 억년도 금덩이를 한강 물 속에 던져 넣으며 말했다.

"나도 마음속으로 너와 똑같이 생각하고 있었다. 하마터면 우리 사이에 금이 갈 뻔했구나."

후세 사람들은 형제들이 금을 던졌던 양천나루를 투금탄投金灘
이라고 불렀다.

오늘날 우리들이 살고 있는 이 시대는 황금만능의 물질시대
이다. 지금이야말로 은밀하게 부정한 방법으로 돈주머니를
채우는 행위에서 벗어나 황금을 강물 속에 던져버리는 이조
년 형제의 사상을 본받아 실천할 때인 것이다.

기다림

사랑은 기다림이다. 밤은 낮을 기다리고 낮은 밤을 기다린다. 그리하여 하루가 흘러가는 것이다. 겨울은 봄을 기다리고 봄은 겨울을 기다린다. 그리하여 1년이 흘러간다. 1년이 흘러가서 세월이 되며 세월이 흘러가서 영원이 된다. 삶은 죽음을 기다리며 죽음은 삶을 기다린다.

*

실사구시

추사 김정희金正喜(1786~1856)는 우리 나라가 낳은 최고의 서예가이자 사상가이다. 그가 태어났던 시절은 조선왕조의 절대 이념이었던 성리학이 근본을 상실하여 현실과 유리되었을 뿐 아니라, 학문 자체가 공허하게 되어 한낱 공론에만 그치고 마는 그런 시대였다. 이에 불만을 품은 김정희는 1809년 스물네 살의 나이로 사신의 일행으로 북경에 들어가 당시 중국의 거인이었던 옹방강과 완원의 가르침을 받고 크게 깨우치게 된다.

김정희가 이들에게서 배운 것은 '실사구시實事求是'의 정신이었다. '실제 있는 일에서 올바른 이치를 찾는다'는 실사구시의 사상을 김정희는 이렇게 설명하고 있다.

"만약 학문을 하는 데 있어서 실제로 있지도 않은 것으로서 일을 삼아 단지 속이 텅 비고 엉성한 잔꾀로써 방법을 삼는다거나, 그 올바른 이치를 찾지 않고 단지 잘못 얻어들은 말로써 주장을 삼는다면, 이는 성현의 길에 어긋나는 일이다."

공허한 이론에서 학문의 길을 찾을 것이 아니라 실제로 존재하는 현실에서 학문의 길을 찾는 것을 김정희는 실학實學이라고 표현했다. 따라서 김정희는 공허한 이론을 숭상하는 것이 학문의 길이 아니라, 가르침을 몸소 실천하는 것이 진정한 의미의 학문이라고 주장했다. 그리하여 김정희는 다음과 같이 말했다.

"다만 넓게 배우고 힘써 실행할 것이니 오로지 '실제 있는 일로부터 올바른 이치를 찾는다'는 이 한마디의 말을 기본으로 삼아 이를 실천하는 것이 좋을 것이다."

*

사랑이란 거창한 것이 아니다

제2차세계대전 때 있었던 일이다. 전쟁에 참전했던 젊은 병사들의 사기를 올려주기 위해, 한 방송국에서 병사들에게 '지금 가장 원하는 것이 무엇이냐'는 질문을 던졌다고 한다.

한창 혈기왕성한 젊은 병사들이니 당연히 '성욕'이라는 대답이 나올 줄 알았다. 그러나 젊은 병사들의 대답은 전혀 뜻밖이었다. 병사들은 한결같이 '어머니가 만들어준 따뜻한 스프 한 그릇'을 가장 원한다고 대답했다.

세상의 모든 엄마들이 자식들과 깊게 연결되어 있는 그 근원적인 원인은 엄마가 음식을 만들어주고, 자식은 그 음식을 통해 성장하고 사랑을 깨달아가고 있기 때문이 아닐까.

'사랑'이란 거창한 것이 아니다. 사랑이란 가족에게 이 세상에서 가장 맛있는 음식을 만들어주고 싶어 하는 모든 엄마들의 소망과 같은 것이다.

*

잡초

잔디밭을 가꾸는 일을 사랑하는 사람이 있었다. 그런데 언제부터인가 그의 잔디밭에 잡초 민들레가 피어나기 시작했다. 그는 날마다 그 민들레를 뽑고 또 뽑았다. 그러나 아무리 뽑아도 민들레를 완전히 뽑아낼 수 없었고 그는 그 일로 지쳐버렸다. 그는 그것을 없애려고 온갖 방법을 다 써보았지만 민들레는 여전히 무성했다. 결국 그는 다음과 같은 내용의 문의편지를 썼다.
"나는 온갖 방법이란 방법은 다 시도해 보았습니다. 그런데도 민들레는 없어지지 않습니다. 이제 어떻게 했으면 좋겠습니까." 그러자 회답이 왔다.

"민들레를 없애려고 하지 마시고 민들레를 사랑하십시오."

군화

내가 군대에 들어갔을 때, 군화와 군모와 군복을 보급하는 하사관은 옷이 맞지 않는다고, 군화가 맞지 않는다고 불평하는 내게 다음과 같이 말했다.
"구두가 발에 맞지 않으면 네 발을 군화에 맞춰라. 모자가 머리에 맞지 않으면 네 머리를 군모에 맞춰라."
구두는 여전히 컸지만 양말을 두세 겹 껴 신은 다음 발과 구두는 화해할 수 있었다.
모자는 여전히 컸지만 모자의 뒷부분을 실로 꿰매 쓰고 나서 모자와 머리는 우정을 나눌 수 있게 되었다.

내 발에 꼭 맞는 구두는 지상에 없다. 내 머리에 꼭 맞는 모자는 이 세상에 없다.

✳

가장 작은 수도원

사회에서 절대적으로 존경받는 사람도 집에서 존경받기는 힘든 일이며, 남으로부터 절대적으로 인정받는 사람도 가족으로부터 인정받기는 어려운 일이다. 아내로부터, 아이들로부터 존경받고 인정받는 아빠야말로 훌륭한 아버지이며, 이것이야말로 가장 이루기 힘든 십자가의 길일지도 모른다. 가정은 가장 작은, 그러나 가장 엄격한 종신 수도원이다.

*

평생 너와 함께 걸었다

한 사람이 죽어서 예수님을 만나 자신의 일생을 돌아보았다. 그는 자신의 발자취 옆에 또 하나의 발자국이 나란히 나 있는 것을 보았다. 그는 이상한 생각이 들어 그것이 누구의 발자국이냐고 예수께 묻자, 예수님은 이렇게 대답하셨다.

"그것은 내 발자국이다. 나는 네 평생 동안 너와 함께 줄곧 걸었다."

그런데 이상하게도 시련을 당하는 중에는 한 사람의 발자국만 남겨졌을 뿐이었다. 그래서 그 사람은 다음과 같이 불평했다.

"주님, 주님은 어째서 제가 고통스러울 때는 함께하지 않으셨습니까?"

그러자 주님은 이렇게 말씀하셨다.

"이놈아, 그럴 때는 내가 너를 업고 걸어 다녔다. 그러기에 내 발자국 하나밖에 없는 것이다."

*

예언

카필라 성에서 부처가 태어났을 때 아시타라는 예언자가 찾아왔다. 그는 히말라야 깊숙한 곳에서 수도하던 선인(仙人)이었다. 그는 어린 부처를 유심히 들여다보다가 갑자기 울음을 터뜨렸다. 부처의 아버지인 왕이 그 이유를 묻자 그는 다음과 같이 말했다.

"이 아이는 모든 중생을 구제할 부처님이 되실 분입니다. 그러나 저는 여생이 얼마 남지 않아 이 아이가 도를 이루어 부처님이 되실 그때까지 살지 못하리라는 생각에 저절로 눈물이 나온 것입니다."

이와 마찬가지로 정결예식을 치르기 위해 아기 예수를 성전에 데려 갔을 때 시므온은 다음과 같은 예언을 한다.

"이 아이는 많은 사람들의 반대를 받고 표적이 될 것이므로, 당신의 마음은 예리한 칼에 찔린 듯 아플 것입니다. 그러나 그는 반대자들의 숨은 생각을 드러나게 할 것입니다."

위대한 성자가 태어날 때에는 선지자가 등장하여 이들의 운명을 예언하는데, 실제로 부처는 모든 중생을 구제하는 부처님이 되었으며, 아기 예수는 많은 사람들의 반대를 받는 표적이 되어 마침내 십자가에 못 박혀 돌아가심으로써 그리스도가 된 것이다.

*

그리스도 최후의 유혹

그리스가 자랑하는 니코스 카잔차키스(1883~1957)는 『희랍인 조르바』라는 소설로 우리 나라에서도 잘 알려진 작가이다. 평생을 신, 영혼, 자유, 죽음 같은 문제에 매달려온 그는 1953년 『그리스도 최후의 유혹』이라는 작품을 발표한다. 카잔차키스는 예수가 광야로 나가 악마의 유혹을 받는 장면에서 이 작품의 구상을 떠올렸다.

예수는 악마로부터 세 가지 유혹을 받게 된다. 첫 번째는 '돌더러 빵이 되라'고 해보라는 황금의 유혹이다. 물질의 유혹을 물리친 예수에게 악마는, 두 번째로 세상의 모든 왕국을 보여줌으로써 명예와 쾌락의 미끼를 던진다. 이 유혹 역시 물리친 예수께 악마는 마지막으로 '하느님과 대등한 힘'을 가져보라고 절대권력의 덫을 던진다. 예수는 악마의 이 세 가지 유혹을 물리침으로써 마침내 '회개하라, 하늘나라가 다가왔다'는 전도를 시작하게 되는 것이다. 그러나 아직 악마의 유혹이 끝이 난 것은 아니었다. '악마는 다음 기회를 노리면서 예수를 떠나갔다.' 「루가복음」은 이렇게 기록하고 있다.

카잔차키스는 바로 이 한 구절에서 소재를 떠올린 것이다. 그는 모든 유혹을 물리친 예수께 다음 기회를 노리면서 떠나간 악마가 도대체 어떤 방법으로 유혹을 했을까 하고 깊이 생각했다. 물론 루가는 분명히 '다음 기회를 노렸다'고 기록하고 있지만, 그 다음 기회가 언제라고는 밝히지 않고 있다. 따라서 카잔차키스는 이 다음 기회의 유혹을 작가적 상상력으로 소설화했던 것이다.

그는 예수께서 십자가에 못 박히셨을 때 그 고통 속에서 악마가 찾아오는 것을 마지막 유혹으로 보았다. 악마는 황금과 명예와 권력을 물리친 예수께 이번에는 평범한 일상생활을 보여준다. 예수께 마리아와의 결혼생활을 보여주면서 사랑하는 여인 마리아와 아이를 낳아 기르는 단란한 가족의 모습을 보여준 것이다.

카잔차키스는 이 '평범한 가족이라는 유혹'이야말로 최후의 유혹이라고 생각했던 것이다. 그리하여 인생의 말년에 이르는 일흔 살에 『그리스도 최후의 유혹』이라는 작품을 발표한 것이다. 이 작품은 예수를 지나치게 인성人性으로 보았다고 해서 그 다음 해에 교황청에 의해 금서목록에 오르게 된다.

예수를 인성과 신성 중에서 인성만을 강조한 니코스 카잔차키스의 시각에 대해서는 그다지 동의하지 않지만, '다음 기회를 노리면서 예수를 떠나갔다'는 마지막 구절에서 예수께 찾아온 그 마지막 유혹이 무엇일까 생각한 그의 작가적 통찰력에 대해서는 경의를 표한다.

위대한 인물이 되기 위해서는 세상이 내미는 유혹을 뿌리칠 수 있어야 한다. 청소년 시절부터 돈, 권력, 쾌락을 좇다 보면 어느새 악마가 쉽게 조종할 수 있는 나약한 인간이 되어버린다. 카잔차키스의 지적대로 '평범한 일상'도 유혹이 될 수 있다. 바로 '적당히 살자'는 유혹인 것이다.

*

그럼, 어떤 딸이 나오리라고 생각하셨나요

미국에서 실제로 있었던 일이다. 한 여인이 쌍둥이 자매를 키우고 있었다. 불행히도 이 여인은 몸을 파는 가난한 창녀였고 게다가 알코올중독자였다. 도저히 쌍둥이 자매를 키울 수 있는 상황이 못 되었다. 끝내 여인은 쌍둥이 자매를 서로 다른 집으로 입양시키고 만다.

그로부터 수십 년이 흘러 가엾은 그 어머니는 이미 숨을 거두었고, 아이들을 입양시킬 당시 갈 곳을 주선해 주었던 사람은 쌍둥이 자매가 무엇을 하며 살고 있을지 궁금해졌다. 그래서 이 사람은 동부로 입양시킨 딸을 먼저 찾아갔다.

그 딸은 어머니처럼 창녀가 되어 몸을 팔고 있었으며, 한시도 술을 마시지 않으면 살 수 없는 알코올중독자가 되어 있었다. 그 사람은 안타까운 마음으로 물었다.

"어째서 이렇게 되었는가."

그러자 그 딸이 대답했다.

"그럼, 우리 어머니 밑에서 어떤 딸이 나오리라고 생각하셨나요."

실망한 그 사람은 다시 서부로 다른 쌍둥이 딸을 찾아갔다. 그 딸은 모범적인 주부가 되어 있었으며, 아이들을 훌륭하게 키우는 정숙한 여인으로, 마을 사람으로부터 존경을 받는 신앙인이 되어 있었다. 그 사람은 똑같은 질문을 했다.

"어째서 이렇게 되었는가."

그러자 그 딸은 이렇게 대답했다.

"그럼, 우리 어머니 밑에서 어떤 딸이 나오리라고 생각하셨나요."

똑같은 어머니에게서 받은 상처가 쌍둥이의 한 딸에게는 절망이 되었고, 다른 한 딸에게는 극복하고 이루어야 할 소망이 되었다.

차별

시몬느 보부아르는 프랑스의 여류 소설가이자 사상가이다. 젊은 시절부터 실존주의 철학에 영향을 받아 사르트르와 우정을 맺기 시작했으며, 이런 우정은 사르트르와 계약결혼을 맺는 특이한 관계로 발전하게 된다. 이처럼 사상과 행동의 일치에 힘쓰던 보부아르는 『제2의 성』이라는 저술을 통해 여성이 왜 제2의 성으로 전락하게 되었는지를 밝히고 있다. 이 책 속에는 여성에 관한 중요한 말이 나온다.

"여성은 여성으로 태어나는 것이 아니라 여성으로 만들어지는 것이다."

보부아르의 말처럼 인류의 반은 남성으로 태어나고 나머지 반은 여성으로 태어나지만, 여성은 역사적으로나 사회적으로 동등한 성별로 취급받지 못하고 언제나 제2의 성으로 차별되며, 그런 편견을 통해 여성은 태어나자마자 다른 옷을 입고 다른 장난감과 다른 놀이 속에서 후천적으로 키워지고 만들어지고 있는 것이 사실이다.

우리가 당연히 그렇다고 여기고 있는 많은 것들 속에 편견이 숨어 있지는 않은가? 편견은 사람을 쉽게 병들게 한다.

*

시몬느 보부아르Simone de Beauvoir(1908~1986) _프랑스의 소설가이며 사상가. 1929년에 철학교수 자격을 얻었다. 남편이었던 사르트르와 서로 영향을 주고받았으며 실존주의 철학에 심취했다. 1943년 소설 『초대받은 여자』를 쓰고, 1944년 에세이 『피뤼스와 시네아』를 발표했다. 1954년 발표한 『레 망다랭』으로 공쿠르상을 수상했다. 특히 1949년 발표한 『제2의 성』은 향후 페미니즘 운동과 문화예술 분야에 많은 영향을 준, 20세기의 고전이 되었다.

박씨 부인전

『박씨 부인전』은 조선 후기에 나온 작자미상의 고대소설이다. 인조반정의 공신이자 병조판서였던 이시백李時白이 나오는 이 소설의 주인공은 바로 박씨 부인이다. 첫날밤에 박씨가 천하의 추물인 것을 알고, 시백은 물론 가족들도 비웃고 욕을 한다. 박씨는 하는 수 없이 별당을 짓고 그 속에서 홀로 살게 된다. 그러나 시백은 박씨의 영특함으로 마침내 장원급제를 하게 되고 점차 아내의 총명함을 알게 된 시백은 어느 날 아내가 액운이 풀려 한순간에 절세미인으로 변하는 모습을 보게 된다. 이에 가족들의 사랑을 받게 된 박씨 부인은 마침내 호왕胡王을 물리침으로써 왕으로부터 '충렬부인'에 봉함을 받는다는 이야기인데, 이 소설의 클라이맥스는 뭐니 뭐니 해도 추물에서 한순간에 절색으로 탈바꿈하는 '변신'에 있다.

이 극적인 모티브 때문에 이 소설이 TV에서 〈별당 아씨〉라는 제목으로 방영되어 큰 인기를 끈 적이 있다. 그러나 나는 이 소설이 단순한 이야기가 아니라고 생각한다.

10여 년 전 어머니가 돌아가셨을 때 나는 잊을 수 없는 꿈을 꾼 적이 있다. 꿈 속에서 어머니가 허물을 벗고 계셨는데 그 모습이 내가 아는 어머니의 모습이 아니었다. 늦은 나이에 나를 낳으셨으므로 어머니는 늘 할머니의 모습이었다. 그러나 꿈 속에서 본 어머니의 모습은 아름다운 성처녀의 모습이었다. 꿈 속에서 어머니도 당신의 모습에 놀라신 듯했다.

인간은 누구나 신의 형상에 따라 창조된 소중한 존재이다. 성서의 기록대로 "낳고 죽는 일이 없고 장가 들고 시집 가는 일도 없는 천사들"인 것이다. 그 천사가 복녀福女라는 이름으로 어느 날 내 어머니로 오셨다가 낡은 인생의 허물을 벗고 본연의 모습 그대로 돌아가신 것이다.

편견만큼 사람을 보잘것없게 만드는 것은 없다.

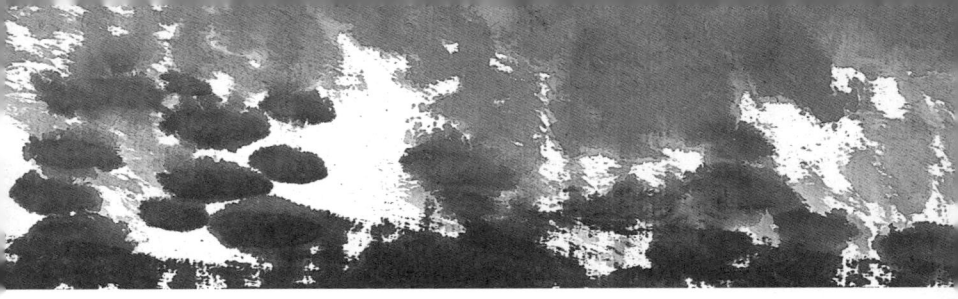

심봉사의 개안

〈심청전〉은 우리 민족이 낳은 위대한 판소리이다. 봉사 심학규는 딸을 낳은 지 7일 만에 아내를 잃고 동냥젖을 얻어 먹이며 근근이 살아간다. 심청이가 열세 살 되던 어느 날, 딸이 돌아오지 않아 마중을 나갔던 심봉사는 그만 개울에 빠지게 된다. 때마침 화주승이 살려달라는 심봉사의 외침을 듣고 구해 주면서 "공양미 삼백 석을 부처님께 바치고 정성을 다해 불공을 드리면 어두운 눈이 떠져 대명천지를 볼지니라"라고 말해 준다.

심봉사는 눈을 뜬다는 말에 앞뒤 가리지 않고 덜컥 약속을 하고 만다. 하지만 공양미 삼백 석을 구할 길이 없어 캄캄하던 차에, 전후 사정을 알게 된 심청이는 고민 끝에 남경 장사치에게 자기의 몸을 팔게 된다. 마침내 심청이는 인당수에 몸을 던져 죽고 심봉사는 공양미 삼백 석을 부처님께 바쳤으나 눈을 뜨지 못한다.

뺑덕어미에게 그나마 가진 것을 다 빼앗겨 알거지가 된 심봉사는 부활하여 황후가 된 심청이가 벌인 맹인잔치에 참석한다. 아버지를 찾기 위해서 잔치를 벌인 심청이는 아직도 눈을 못 뜬 아버지를 보자 기가 막혀 울기 시작한다. "아이고 아버지, 여태 눈을 못 뜨셨소. 인당수 풍랑 중에 빠져 죽던 심청이 살아서 여기 왔소."

이 말을 들은 심봉사, "아니, 누가 날더러 아버지라고 혀. 나는 자식도 없고 아무도 없는 사람이오. 이것이 꿈이냐, 생시냐, 꿈이거든 깨지 말고 생시거든 어디 보자"라고 하면서 감은 눈을 '휘번쩍' 뜨게 된다.

나는 이 〈심청전〉이야말로 우리 민족이 가진 위대한 화두라고 생각한다. 심봉사는 공양미 삼백 석이 눈을 뜨게 해줄 것이라고 믿었다. 그러므로 그는 '눈을 떠야만' 볼 수 있다고 생각한 것이다. 그는 보려[見] 하기보다 눈을 뜨려고만 했다. 심봉사의 눈을 뜨게 한 것은 공양미 삼백 석이 아니라 딸을 보고 싶어 한 사랑이었다. 그 사랑이 있었다면 딸을 죽이지 않고서도 앞을 볼 수 있었을 것이다.

*

생자필멸

일찍이 부처가 기원정사祇園精舍에 머무르고 있을 때였다. 그곳으로 한 과부가 부처님을 찾아왔다. 그 과부는 삼대 독자를 잃고 자지도 먹지도 않고 울면서 부처께 하소연했다.

"부처님, 저는 유복자를 잃었고 살아갈 용기마저 잃었습니다. 이 슬픔에서 벗어날 길을 가르쳐주십시오."

가만히 듣고 있던 부처는 이렇게 말했다.

"가엾은 아주머니, 내게 한 방법이 있소. 지금 곧 가서 사람이 죽은 일이 없는 집을 일곱 군데 찾아내어 쌀 한 움큼씩만 얻어 오시오. 그러면 내가 그 슬픔에서 벗어나는 길을 가르쳐 주겠소."

과부는 바삐 마을로 쌀을 얻으러 갔다. 며칠이 지난 뒤 그 과부는 단 한 움큼의 쌀도 얻지 못한 채 맥이 빠져 돌아왔다. 이에 부처님은 물었다. "사람이 죽지 않은 집이 한 곳이라도 있었습니까." 그제야 과부는 부처께서 하신 말씀의 깊은 뜻을 알아차리게 되었다. 어느새 과부의 얼굴에서 슬픔의 그림자가 지워져 있었다. 부처는 삼대 독자를 잃은 그 과부 여인에게 사람은 누구나 반드시 죽는다[生者必滅]는 진리를 깨우쳐주기 위해서 그런 방법을 쓴 것이다.

*

좋은 친구 구하기

일찍이 그리스의 철인 아리스토텔레스는 우정에 대해서 다음과 같이 말했다.

"사랑을 받는 것보다 사랑을 하는 곳에 우정이 존재한다. 또한 우정은 반드시 선善 속에서만 존재한다. 왜냐하면 악한 사람들 속에서도 우정이 존재하는 것처럼 보이지만, 이는 이익을 얻을 수 있을 때에만 그렇게 보이는 것이다. 서로가 기쁨과 즐거움을 함께 느낄 수 있는 우정을 맺기 위해서는 반드시 선한 사람이 되지 않으면 안 된다."

좋은 친구를 얻으려면, 아리스토텔레스의 말처럼 내가 먼저 사랑을 베푸는 좋은 친구가 되어주어야 한다. 내가 좋은 친구를 하나도 갖지 못했다는 것은, 내가 그 누구에게도 좋은 친구가 되지 못한 외톨이라는 것을 스스로 방증하는 것이다.

*

최후의 만찬

르네상스 시대의 천재 화가였던 이탈리아의 레오나르도 다 빈치는 마흔여섯 살의 나이에 산타마리아 델 그라체 성당의 벽화 〈최후의 만찬〉을 완성시켰다. 다 빈치가 이 그림을 그릴 때 있었던 유명한 일화가 있다.

예수님을 가운데로 하여 열두 제자가 양 옆에 앉아 있는 광경을 그린 다 빈치는, 주님의 얼굴과 배반자인 유다의 얼굴만은 쉽게 떠올릴 수가 없었다. 고심 끝에 밀라노에서 가장 선하고 신앙심이 깊다는 사람을 불러오게 했는데, 그의 얼굴을 본 순간 다빈치는 곧 주님의 형상을 떠올릴 수 있었다. 그 사람의 얼굴을 모델로 하여 다 빈치는 주님의 얼굴을 완성했다. 그러고 나서 화가는 차례차례 제자들의 모습을 완성하기 시작했다.

그러는 동안 수년이 흘렀으며 마지막으로 배반자의 상징인 유다의 얼굴만 남게 되었다. 유다의 모습을 상상할 수 없었던 화가는 할 수 없이 이번에는 가장 흉악한 살인범을 불러와 그 모습을 모델로 하여 〈최후의 만찬〉을 완성했다.

1498년 마침내 벽화가 완성되었고 유다의 모델이었던 살인범을 감옥으로 돌려보내게 되었다. 그때 살인범이 울면서 말했다.
"저를 모르시겠습니까?"
다 빈치는 모르겠다고 대답했다.
"선생님, 저는 몇 년 전 선생님이 주님의 모습을 그리실 때 모델로 삼으셨던 바로 그 사람입니다."

＊

레오나르도 다 빈치 Leonardo da Vinci(1452~1519) _르네상스를 대표하는 천재 화가. 미술가, 과학자, 기술자, 사상가로도 많은 업적을 남겼다. 회화에서 대기원근법을 창시한 인물이기도 하다. 〈최후의 만찬〉, 〈모나리자〉, 〈동굴의 성모〉, 〈동방박사의 예배〉 등의 작품이 있다.

모든 사람의 발 아래 있기를

가톨릭에는 수많은 성인들이 있다. 성인들은 무엇을 만들거나 업적을 남긴 사람들이 아니라 자신의 인생 자체를 완덕의 경지로 창조한 사람들이다. 그 성인 중에 가장 많은 사랑을 받은 분은 소화小花 데레사(1873~1897)일 것이다.

대부분의 성인들이 극적인 인생을 산 것에 비하면 데레사 성녀의 생애는 너무나 단순하다. 열다섯 살에 봉쇄 수도원인 갈멜 수녀회에 들어간 성녀는 스물네 살의 나이로 숨을 거두었다. 데레사 성녀는 언제나 '작은 것'을 꿈꾸었다.

"기도해 주세요. 아무쪼록 작은 모래알처럼 언제나 자기가 있어야 할 곳, 즉 모든 사람의 발 아래 있기를……."

성녀가 쓴 편지에서처럼 작은 모래알이 되기를 소망했던 이 성녀는, 자서전 속에서 자신을 주님의 '작은 꽃'이라고 비유했다.

*

깨끗하게 되어라

딸랑딸랑. 성당 문에 걸린 작은 종이 울렸다. 늙은 신부님이 신자가 고해성사를 하러 왔나 싶어 나가보았다. 문 앞에 서 있는 사람은 꼬마 소년이었다. 소년은 저금통을 들고 있었다.

"어떻게 왔니, 꼬마야?"
"벌을 받고 있는 불쌍한 사람을 위해서 미사를 드려주세요. 신부님, 이것은 미사예물입니다."
"벌을 받고 있는 불쌍한 사람이란 도대체 누구를 말하는 것이니?"
눈물을 글썽이던 꼬마는 단지 이렇게 대답할 뿐이었다.
"그 사람이 누구인가는 밝힐 수가 없답니다."
그리하여 프랑스 파리 근교의 성당에서 한 소년의 청에 의해서 불쌍한 사람을 위한 미사가 올려지게 되었다.

이 소년의 이름은 조르주 베르나노스. 이 소년이 불쌍한 사람이라고만 표현했던 사람의 이름은 가리옷 유다. 바로 예수님을 배반하여 예수님으로부터 "차라리 태어나지 않았더라면 더 좋을 뻔했다"는 말을 들은 유다가 이 꼬마가 밝히지 않은 불쌍한 사람의 이름이었다. 지옥에서 벌을 받고 있을 유다를 가엾게 여긴 소년이 그를 위해 미사를 드렸던 것이다.

*

조르주 베르나노스 Georges Bernanos(1888~1948) _소설가. 파리에서 태어났다. 처녀작이자 대표작인 『사탄의 태양 아래』는 인간 내면의 악마성과 성스러움의 싸움을 그린 작품이다. 이 작품은 모리스 피알라 감독의 영화로 제작되어 1987년 칸 영화제 그랑프리를 수상했다. 『환희』, 『시골 사제의 일기』, 『월하의 대묘지』, 『로봇과 대결하는 프랑스』 등의 작품을 남겼다.

너와 나

마르틴 부버는 오스트리아의 빈에서 태어난 유대인으로 현대의 고전으로 불리는 『나와 너』를 쓴 신학자이자 철학자이다.

이 책은 '처음에 관계가 있다'라는 명제에서 출발한다. 인간 존재의 근본은 '인간과 함께하는 인간'이다. '나'는 '너'로 인해서 비로소 '나'가 되며, 동시에 '나'는 곧 '너'라고 말할 수 있다. 따라서 모든 참된 삶은 '나'와 '너'의 만남에서 이루어진다. 마르틴 부버는 '나'는 '나' 혼자서만은 존재할 수 없으며 '너'가 있음으로 비로소 존재한다고 역설한다. 그는 말한다.

"현대인의 비극은 '나-너'의 관계가 '나-그것'의 관계로 변해가는 데서 발생한다".

*

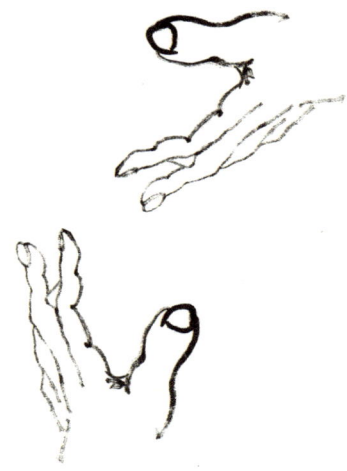

저마다 다른 손

나는 남자들과 악수를 나누면서 그들을 평가한다.

지나치게 손을 꽉 잡는 사람은 허세가 강하며, 손이 찬 남자는 남을 사랑할 줄 모르며, 손이 따스하되 땀이 끈적이는 친구들은 음흉하다.

*

두려워하지 마라

1941년 7월 아우슈비츠 수용소 제14호 감방. 그곳에서 탈출자 한 명이 생겼다. 이에 몹시 분노한 수용소장은 그 대가로 사람을 골라내어 굶겨서 죽이는 아사형餓死刑에 처할 것이라고 으르렁거렸다.

"입을 벌려 이빨을 보여라."

이빨이 튼튼하지 못하면 팔리지 않던 옛 노예시장에서처럼 그는 죄수를 고르기 시작했다. 두려워서 벌벌 떨고 있는 한 소년에게 마르고 야윈 사내가 다음과 같이 속삭였다.
"겁내지 마라, 꼬마야. 죽음이란 그렇게 무서운 것이 아니란다."

마침내 열 번째 죄수인 가죠프니체크가 희생양으로 결정되었다. 그는 눈물을 흘리며 중얼거렸다.
"아아, 불쌍한 아내와 가엾은 내 아이들."
이때 마르고 여윈 사람이 대신 앞으로 나섰다.
"무슨 일인가. 이 폴란드 돼지야."
프리치 소장이 소리치자 그가 대답했다.
"저 사람 대신 내가 죽겠소. 나는 아내와 아이들이 없으니까……."

소장에 의해서 돼지로 불린 사람. 그가 바로 1982년 10월 시성이 된 막시밀리안 콜베 신부이다.

*

어머니 테레사

1979년 12월 10일. 노르웨이의 수도 오슬로에서 노벨평화상 시상식이 거행되고 있었다. 수상자의 이름이 소개되자 평화상 사상 일찍이 볼 수 없었던 이상한 옷차림의 여인이 시상대를 향해 걸어 나왔다. 지금까지 80여 년 간 해마다 평화상이 시상되어 왔지만 대부분의 수상자들은 정치가, 법률가, 평화운동가, 사회사상가, 노동운동가 등이 대부분이었는데, 이 수상자는 초라한 수녀복을 입은 일흔 살의 할머니였다. 두 손을 합장하고 여인이 걸어 나오자 시상식장을 가득 메웠던 수많은 사람들은 일제히 일어서서 박수를 치기 시작했다. 여인의 이름은 테레사. 우리는 흔히 그 여인을 '마더 테레사,' 즉 어머니 테레사라고 부른다.

*

테레사Blessed Mother Teresa(1910~1997) _가톨릭 수녀. 평생을 가난한 사람들과 함께한 성인이다. 1979년 노벨평화상을 수상했다. 1948년 인도 국적을 얻고, 의료 지식을 습득한 뒤 혼자 캘커타의 빈민가에서 봉사 활동을 시작했다. 1950년에 '하느님의 사랑 선교자회Missionaries of Charity'를 창립했고, 계속해서 '죽음을 기다리는 사람의 집', '고아의 집', '나병구제활동' 등의 시설을 인도 각지에 개설했다. 세계 곳곳에 분원을 설치하여 가난으로 고생하는 사람을 돌보는가 하면, 걸프전이 일어났을 때 조지 부시 대통령과 후세인 대통령을 찾아가 전쟁을 중지시키도록 호소하기도, 하고 전쟁터로 달려가 부상자를 돌보기도 했다. 1997년 죽기 전까지 심장병과 말라리아에 걸려 고생하면서도 자선 활동을 멈추지 않았다.

나눔은 기적을 만든다

예수를 보기 위해 많은 군중이 모이자 예수는 제자들에게, 모인 사람들에게 먹을 것을 주라고 말했다. 그러자 제자들은 그것이 불가능하다며 다음과 같은 세 가지 이유를 들어 변명하게 된다.

"여기는 외딴 곳이고 시간도 이미 늦었습니다. 그리고 우리가 가진 것은 빵 다섯 덩어리와 물고기 두 마리뿐입니다."

사실, 우리도 이 제자들과 똑같은 말을 매일 하며 살아간다. 우리에게는 우리의 도움을 필요로 하는 친구나 이웃이 있다.

그러나 우리는 이런 핑계를 대고는 한다. "난 시간이 없어." "우린 너무 멀리 떨어져 있다고." "나누기에는 내가 가진 것이 너무 없어."

변명을 다 들은 예수는 빵 다섯 덩어리와 물고기 두 마리를 나눠주기 시작했다. 그날, 수천 명의 사람들이 빵과 물고기를 배불리 먹고도 몇 광주리가 더 남았다.

사랑은 나눔이다. 나눔은 기적을 만든다.
*

한바탕 꿈

일연(1206~1289)이 지은 『삼국유사』에는 '조신의 꿈'이라는 짤막한 설화가 들어 있다. 이 설화는 이광수가 『꿈』이라는 제목으로 소설화해서 유명해졌고, 영화로도 여러 번 만들어진 바로 그 이야기이다.

신라시대 어느 날, 스님 조신이 장원莊園으로 파견되어 불법을 전하고 있었는데 그는 태수의 딸을 좋아하게 되었다. 그러나 이미 그 여인에게는 배필이 있었다. 어느 날 그가 법당 안에서 관음보살에게 그 여인과 함께 살게 해달라고 기도하고 있을 때, 갑자기 낭자가 들어와 다음과 같이 말하는 것이었다.

"저는 일찍부터 스님을 마음속으로 사랑하고 있었습니다."

조신은 기뻐하며 여인과 함께 40년을 숨어 살게 된다. 자녀 다섯을 두고서 일가족들이 걸인처럼 살았는데 열다섯 살 된 큰아이가 굶어 죽고, 두 내외는 늙고 병들어 열 살 된 딸을 앞세워 동냥질을 하여 먹고 살게 된다. 이에 부인이 말한다.

"아름다운 모습도 풀 위의 이슬이요, 지초芝草와 같은 사랑의 약속도 바람에 흔들리는 버들가지와 같습니다. 이제 그대는 내가 있어서 더 누가 되며, 나 또한 그대 때문에 더 근심이 됩니다."

그리고 나서 두 사람이 울면서 헤어지는 순간 꿈에서 깨어나게 된다. 그러니까 부부간의 50년의 세월이 불당 안에서 깜빡 졸았던 하룻밤의 꿈인 것을 조신은 그제야 깨달았던 것이다.

일연은 이 이야기를 마치면서 이렇게 말했다.

"지금 모든 사람들이 속세의 즐거움만 알아 기쁨을 위해 애를 쓰고 있지만, 그것은 다만 하룻밤의 꿈에 지나지 않는다."

이심전심

서산 대사(1520~1604)는 조선이 낳은 최고의 고승이다. 임진왜란이 일어나자 일흔세 살의 노구로 승병 1,500명을 모집, 서울 수복에 앞장선 호국불교의 아버지이기도 하다. 또한 『선가귀감禪家龜鑑』이라는 수도자들의 교과서로 일컬어지는 명저를 저술한 근대 불교의 최고의 스승이기도 하다. 서산 대사는 이 책에서 다음과 같이 말하고 있다.

"부처님이 마음을 전하는 것은 선지禪旨가 되고, 가르치는 것은 교문敎門이 되었다. 그러므로 선은 부처님의 마음이고, 교는 부처님의 말씀이다."

『선가귀감』의 핵심이 되는 이 말은 석가가 일찍이 영산회에서 설법을 하시다가 허공에서 떨어지는 꽃을 들어 그 의미를 물었는데, 다른 제자들은 다 침묵했지만 유독 제자 가섭만이 빙그레 미소를 지어 보인 것에서 시작된 것으로, 부처님은 이렇게 말씀하셨다.

"이제부터 나의 마음을 가섭에게 전한다."

마음을 전함. 말이나 글에 의지하지 않고 마음에서 마음으로 전한다는 '이심전심以心傳心' 이라는 말은 바로 여기에서 비롯된 것이다. 부처님은 살아생전에 팔만에 이르는 방대한 설법을 하셨다. 그러나 부처님의 마음을 깨달은 사람은 한 사람, 제자 가섭뿐이었다.

서산 대사는 또 이렇게 말한다.
"불경을 보되 자기 마음속으로 돌이켜 봄이 없으면, 비록 팔만대장경을 다 보고 외운다 하더라도 아무 소용이 없다."

아무리 훌륭한 가르침이라도 마음으로 보지 못한다면, 아무런 소용이 없다.

선택하는 인간

『햄릿』은 대영국의 문호 셰익스피어가 쓴 세계적인 명작이다. 이 희곡에는 전형적인 비극적 인물로 복수의 화신인 덴마크의 왕자 햄릿이 등장하는데, 극중에 나오는 다음과 같은 독백은 모르는 사람이 없을 정도로 유명하다.

"죽느냐, 사느냐, 그것이 문제로다. 어느 쪽이 더 사나이다울까. 가혹한 운명의 화살을 받아도 참고 견딜 것인가, 아니면 힘으로 막아 싸워 이길 것인가."

극중 내내 고민하는 햄릿은 결국 복수 끝에 비참한 최후를 맞게 되는데, 죽느냐 사느냐의 선택에서 방황하는 햄릿은 흔히 현대인의 초상으로 비유된다. 현대인들은 햄릿처럼 언제, 어디서나 선택을 강요받는다. 어느 학교를 갈 것인가? 어떤 옷을 사지? 오늘은 무엇을 먹을까? 그러나 정작, '어떻게 살 것인가?'에 대한 고민은 별로 하지 않는 것 같다.

자신의 운명을 걸고 매달리는 '선택'이야말로 값진 선택이다.
*

나그네

강나루 건너서
밀밭길을

구름에 달 가듯이
가는 나그네

박목월의 시 「나그네」의 첫 부분이다. 달과 구름, 강과 저녁놀, 그 어디에도 머무르지 않고 흘러가는 나그네의 모습은 인생이란 '낯선 여인숙의 하룻밤'이라고 표현한 테레사 수녀의 말을 떠올리게 한다.

우리 인생은 나그네와 같으며, 낯선 여인숙의 하룻밤과도 같다.

*